D1700689

BABY BLUES® 14

A MATERNIDADE
NÃO É PARA MARIQUINHAS

NÃO PERTURBE

Título original: *Motherhood is not for Wimps*
© Baby Blues Partnership, 2001
1.ª edição portuguesa: Maio de 2004
Tradução: *Jorge Lima*
Revisão: *Sandra Pereira*
Capa: *Multitipo — Artes Gráficas, Lda.*
Pré-impressão, impressão e acabamento: *Multitipo — Artes Gráficas, Lda.*
Depósito legal n.º 211 136/04
ISBN: 972-53-0233-8
Todos os direitos para a publicação desta obra em Portugal
reservados por Editorial Bizâncio, Lda.
Largo Luís Chaves, 11-11A, 1600-487 Lisboa
Tel.: 21 755 02 28 / 21 752 45 48 - Fax: 21 752 00 72
E-mail: bizancio@editorial-bizancio.pt

BABY BLUES® 14

A MATERNIDADE
NÃO É PARA MARIQUINHAS

RICK KIRKMAN
JERRY SCOTT

Tradução de
Jorge Lima

Bizâncio

Dedicado ao Jeff, à Michele e à Olivia. Sano y salvo.
J. S.

Dedicado à Sukey com amor e admiração verdadeiros.
Em memória de Irving Phillips… obrigado por me mostrar o caminho.
R. K.

VISTE O COPO GRADUADO?
VÊ NA BANHEIRINHA DOS MIÚDOS.
AH, CÁ ESTÁ ELE! AH!... E A BATEDEIRA... E A ESPÁTULA... E O CORTA-OVOS...
SE PRECISARES DE MIM, ESTOU NA CASA DE BANHO A FAZER O JANTAR.
BEM, HMM... HÃ... POIS, AHHHH... HMMMM... TSC... 'TÁS A VER...
DE QUE É QUE ÍAMOS FALAR?
EU PERGUNTEI COMO É QUE FOI A ESCOLINHA HOJE!
AH, SIM! AH, SIM! JÁ ME LEMBRO!
ÓPTIMO! E ENTÃO?
BEM, HMM... HÃ... POIS, AHHHH... HMMMM... TSC... 'TÁS A VER...
NÃO.
NÃO.
NÃO.
NÃO.
NÃO.
NÃO.
POR FAVOR!
POR FAVOR!
POR FAVOR!
POR FAVOR!
POR FAVOR!
UFF! DEMOROU UM BOCADO, MAS ACHO QUE FINALMENTE DESISTIU!
PODE SER.
OU ISSO, OU ESTÁ A CARREGAR AS BATERIAS.
POR FAVOR?

BABY BLUES®
BY
RICK KIRKMAN / JERRY SCOTT

NMGN NMGN NMGN...
SABES QUE ESSE URSINHO É MEU...
NÃO É TÃO BOM, PARTILHARES OS TEUS BRINQUEDOS COM O TEU MANINHO, EM VEZ DE LUTARES POR ELES?
UH-HUH.
NMGN NMGN NMGN...
MAS TUDO BEM, HAMMIE... PODES BRINCAR COM ELE.
ZOE! ESTOU TÃO ORGULHOSA DE TI!
NMGN NMGN NMGN..
EU DE QUALQUER MANEIRA NÃO BRINCO COM ESSE, DESDE QUE CAIU NA SANITA...
NMGN NMGN NMGN...
KIRKMAN & SCOTT

JARDIM-ESCOLA: SEMANA 1
PAPÁ, AJUDAS-ME A FAZER OS TRABALHOS?
CLARO, ZOE!
JARDIM-ESCOLA: SEMANA 2
PAPÁ, AJUDAS-ME A FAZER OS TRABALHOS?
SIM, CLARO, OK!
JARDIM-ESCOLA: SEMANA 3-36
PAPÁ, AJUDAS-ME A FAZER OS TRABALHOS?
DUAS JÁ ESTÃO... FALTAM TRINTA E QUATRO...
KIRKMAN & SCOTT

COME O FRANGO. COME O FRANGO.
NÃO COMAS DE BOCA ABERTA.
NÃO COMAS DE BOCA ABERTA.
NHAC NHAC
KIRKMAN & SCOTT
QUIETA NA CADEIRA. QUIETA NA CADEIRA.
NUNCA TE CANSAS DE TE REPETIR A TI PRÓPRIA?
JÁ ESTOU HABITUADA. JÁ ESTOU HABITUADA.

WANDA?
QUERIDA?
WANDA?
PA-REM!
MÃE?
WANDA?
MAMÃ?
MÃE?
MAMÃ?
MÃE?
MAMÃ?
MÃE?
POR FAVOR! SÓ CONSIGO OUVIR UM DE CADA VEZ!
KIRKMAN & SCOTT
EU! EU!
SUSPIRO!
EU!
EU!
EU!
EU!
EU!
EU!
EU!
EU!
EU!

OS MIÚDOS ESTÃO A CRESCER TÃO DEPRESSA!
É...
PRIMEIRO SÃO UMAS CRIATURINHAS INCAPAZES QUE NOS EXIGEM TODA A ATENÇÃO, MAS QUANDO DAMOS POR ELA...
SÃO UMAS CRIATURONAS INCAPAZES QUE NOS EXIGEM TODA A ATENÇÃO...
SEMPRE QUE O MEU RELÓGIO BIOLÓGICO COMEÇA A TOCAR, POSSO CONTAR COM A MINHA IRMÃ PARA CARREGAR NO BOTÃO DO SILÊNCIO...
MAMÃ!
MAMÃ!
MAMÃ!
MAMÃ!
MAMÃ!
MAMÃ!
KIRKMAN & SCOTT

QUERES UMA BOLACHA, HAMMIE?
SE LHE DÁS A ELE, TENS DE DAR A MIM!
E QUE TAL UMA HISTÓRIA?
SE LHE CONTAS A ELE, TENS DE ME CONTAR A MIM!
E AGORA, VOU-TE DAR UM BELO...
SE LHE DÁS A ELE, TENS DE ME DAR A MIM!
KIRKMAN & SCOTT
...BANHO.
OHHHH.

UAAAAA! O HAMMIE MORDEU-ME!
HAMMIE, NÃO SE MORDE NAS PESSOAS!
MORDER É FEIO!
NEM QUE SEJA SÓ UM BOCADINHO, É FEIO!
MESMO QUE ESTEJAS ZANGADO, É FEIO!
POIS É!
POIS É!
POIS É!
MESMO QUE ALGUÉM TE PONHA MANTEIGA DE AMENDOIM E GELEIA NO BRAÇO, E GOZE CONTIGO, É FEIO!
POIS É...?!
O QUÊ??
ESQUECE.
KIRKMAN & SCOTT

BABY BLUES
by Rick Kirkman / Jerry Scott

BOCEJO!

AGITA AGITA AGITA

CLINK!

EXPERIMENTA ESTE... É BOM.

O QUE É QUE ESTÁS A FAZER?

A T-T-T-ENTAR ESC-C-C-CREVER AO FAB-B-B-RICANTE.

BOCEJO! VOU PARA A CAMA.
AI NÃO VAIS NÃO, MEU FILHO.
DEITA-TE AQUI E COMEÇA A PÔR ENDEREÇOS NESTES CARTÕES DE NATAL.
MAS JÁ SÃO ONZE E MEIA!
E ENTÃO?? TAMBÉM JÁ ESTAMOS A 13 DE DEZEMBRO, E SE NÃO MANDARMOS ESTES CARTÕES JÁ, OS NOSSOS AMIGOS ESQUECEM-SE DE NÓS!
KIRKMAN & SCOTT
POR FALAR NISSO, QUEM SÃO ESTES TIPOS?
NÃO FAÇO IDEIA, MAS MANDAM--NOS SEMPRE AS BOAS FESTAS. CALA-TE E ESCREVE.

FOI O PAPÁ QUE CHEGOU?
FOI... E SABES QUE MAIS?
FWWEEEEEET!
KIRKMAN & SCOTT
ELE COMPROU--VOS APITOS?
OOOOOHH... QUEM É QUE TE DISSE?

POSSO SAIR DA MESA?
SÓ SE COMERES MAIS UM BOCADINHO.
VOU TIRAR MAIS UM BOCADINHO.
A AVALIAR PELA TUA CINTURA, PERGUNTO-ME SE SERÁ BOA IDEIA...
NEM SABES A SORTE QUE TENS.
NEM SABES A SORTE QUE TENS.
KIRKMAN & SCOTT

SENHORA DA LIMPEZA AO CORREDOR 3!!

PLOP!

EU DAVA UMA BOA GERENTE DE HIPERMERCADO.

É, E NEM PRECISAVAS DE MICRO.

16

ECHTA!
ESTA!
ESTA!
ESTA!
SE CALHAR, VOU-VOS DAR UM TEMPINHO PARA DECIDIREM...
KIRKMAN & SCOTT

DE NATA
PODES PENSAR NISSO?
NÃO.
POR FAVOR?
NÃO.
POR FAVOR?
NÃO.
POR FAVOR?
NÃO.
POR FAVOOOOR?
KIRKMAN & SCOTT
OK, AGORA JÁ ESTOU A PENSAR NISSO.
A PENSAR EM QUÊ?
EM ME DEIXAR IR EM CIMA DO CARRO, COM A ÁRVORE DE NATAL.

QUERO SER EU A PÔR A ESTRELINHA NA ÁRVORE! POSSO? POSSO? HEIN?
PRONTO, 'TÁ BEM...
EEEEEEEEEE!
UA-AAA-AAA-AAA!
AAAAAAAAA
EHEHEEHEE
GUIIIIINCHO!!
KIRKMAN & SCOTT
EU TENHO CÓCEGAS AÍ, LEMBRAS-TE?

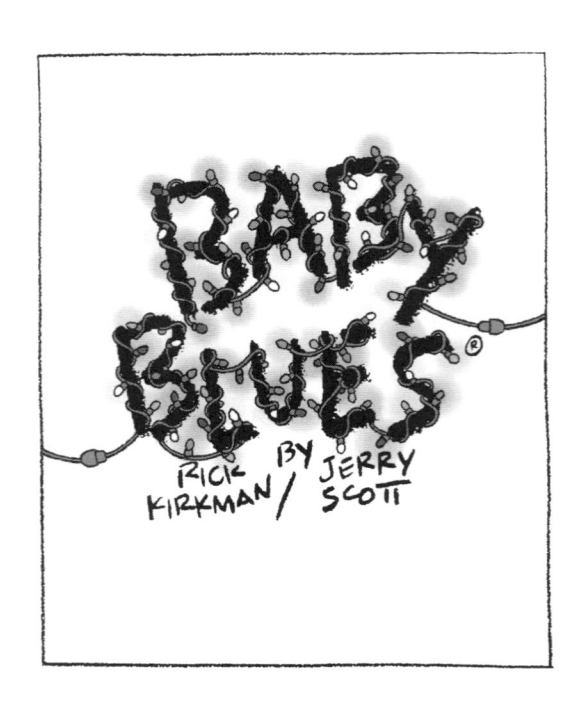

BABY BLUES
by Rick Kirkman / Jerry Scott

— Penduraste as luzinhas de Natal?
— Sim, pode-se dizer que sim.

...ANTES DE DESAPARECER NO HORIZONTE, «FELIZ NATAL, E UMA NOITE BEM DORMIDA PARA TODOS».
NÃO! AINDA NÃO!
OOOHH!
KIRKMAN & SCOTT
DE QUE É QUE ELE ESTÁ À ESPERA??
BEM, AINDA SÓ SÃO 5 DA TARDE...

BEM, ESTÃO FINALMENTE A DORMIR, ENROSCADOS CADA UM NA SUA CAMA.
A SONHAR COM TORRÕES DE AÇÚCAR.
DUVIDO.
ATÉ OS TORRÕES DE AÇÚCAR COMEÇAREM A ANUNCIAR NA TV AOS SÁBADOS DE MANHÃ, DUVIDO!
KIRKMAN & SCOTT

EI? QUANDO É QUE OS MIÚDOS ENTRARAM PARA A NOSSA CAMA?
ACHO QUE ERAM UMAS 3 DA MANHÃ.
ACORDARAM OS DOIS E NÃO CONSEGUIAM DORMIR, POR ISSO DEIXEI-OS SUBIR.
KIRKMAN & SCOTT
ENTÃO, VAMOS LEVANTAR E APROVEITAR AS BENESSES DO FERIADO?
EU JÁ ESTOU.

BABY BLUES

FELIZ NATAL, MCPHERSONS! SORRIAM PARA A NOVA CÂMARA DIG...

SÓ UM MINUTO... QUAL É O PROBLEMA DESTA COISA? ESPEREM UM BOCADO!

NÃO ABRAM NENHUM PRESENTE ENQUANTO EU NÃO... HMMM...

WANDA, VISTE O MANUAL? AH, O PROBLEMA ERA ISTO...

ESQUECI-ME DE RODAR ESTA PECINHA E... PRONTINHO! OK, TODA A GENTE, PODEM COMEÇAR...

...A ABRIR OS PRESENTES.

ODEIO CÂMARAS DE VÍDEO.

PORQUÊ?? OS TEUS VÍDEOS ESTÃO CADA VEZ MAIS CÓMICOS!

KIRKMAN & SCOTT

TUM TUM TUM TUM TUM TUM
TUM
TUM TUM
QUE HORAS SÃO?
ONZE E TRÊS...
KIRKMAN & SCOTT
EXACTAMENTE DOIS MINUTOS E MEIO DEPOIS DA ÚLTIMA VEZ QUE TU PERGUNTASTE.
OS DIAS DE CHUVA DEVIAM VIR COM BOTÕES DE FAST-FORWARD.
TUM TUM TUM TUM TUM
SUSPIRO!
TUM
TUM

OH, NÃO! FUI CONVOCADA PARA UM JÚRI!
O QUE É ISSO, UM JÚRI?
BEM... É IR AO TRIBUNAL E OUVIR AS PESSOAS A CONTAR AS SUAS VERSÕES DA HISTÓRIA.
E DEPOIS?
SUMMONS
DEPOIS, DECIDE-SE QUEM É QUE ESTÁ CERTO E QUEM É QUE ESTÁ ERRADO.
KIRKMAN & SCOTT
ISSO PARECE UM TRABALHO GIRO!
SE É! ALÉM DE QUE PAGAM DOIS EUROS POR DIA!

HMMM... VEJO BOLACHAS INTEGRAIS...
PÊSSEGOS... MAÇÃS...
BOLACHAS DE ÁGUA E SAL...
IÛC.
IÛC.
IÛC.
IÛC.
...AH! UMAS GOMAS QUE DEVEM TER CAÍDO DO MEU CABAZ DE PÁSCOA DO ANO PASSADO.
BATATAS
UAU! CHEGUEI A PENSAR QUE NÃO ÍAMOS ENCONTRAR NADA DE DECENTE PARA COMER!
KIRKMAN & SCOTT

QUANDO EU FOR GRANDE, QUERO TER MUITOS FILHOS E MUITO DINHEIRO!
SABES, ZOE... HOJE EM DIA É MUITO CARO CUIDAR DOS FILHOS.
É ISSO. AS FAMÍLIAS GRANDES NÃO COSTUMAM TER MUITO DINHEIRO.
AH.
E SE EU SÓ TIVER FILHOS RICOS?
KIRKMAN & SCOTT

EU SEI UM SEGREDO E TU-U NÃO!
EU SEI UM SEGREDO E TU-U NÃO! EU SEI UM SEGREDO E TU-U NÃO!
TÁ BEM.
KIRKMAN & SCOTT

TRÁS!
TRÁS!
TRÁS!
ZOE! HAMMIE! PAREM DE BATER COM AS PORTAS E ARRANJEM ALGUMA COISA PARA FAZER!
BATER COM AS PORTAS É O QUE A GENTE ARRANJOU PARA FAZER!
SUSPIRO!
KIRKMAN & SCOTT

BABY BLUES
by Rick Kirkman / Jerry Scott

— Que dia é hoje?
— 2 de Janeiro.

— E o ano?
— Bem, o ano passado era 1999, não era? Que ano é que vem a seguir a 1999?

— Mil novecentos e noventa e dez?
— Não! Dois mil! 2 de Janeiro de 2000!

— 2000 D. C., depois de Cristo... por outras palavras, passaram 2000 anos depois da morte de Cristo, segundo o calendário gregoriano, que é usado hoje em dia pela maior parte dos países não--islâmicos.

— Obrigado, papá, agora já sei como é que faço.
— Que bom, és muito...

— Vou perguntar à mamã.
— ...esperta.

RECEIO QUE O BANCO NÃO POSSA CONSIDERAR «UM BOM SENTIDO DE HUMOR» COMO UM ACTIVO.
EMPRÉSTIMOS
TCHAC
OBVIAMENTE QUE O BANCO NUNCA TENTOU CRIAR DOIS MIÚDOS COM UM SÓ SALÁRIO.
GAAAC!
KIRKMAN & SCOTT

...E ARRANHEI-ME AQUI, FIZ UM GALO NO COTOVELO, E ESFOLEI ESTE JOELHO, MAS AGORA JÁ ESTOU MELHOR...
UAU! QUER DIZER QUE TIVESTE UM DIA DURO NA ESCOLA, FOI?
NÃO.
ISTO FOI SÓ DE VIR À BULHA COM O HAMMIE, NO CARRO.
PRECISAMOS, OU DE UM CARRO MAIOR, OU DE ASSENTOS COM TAMPA.
KIRKMAN & SCOTT

ACHO QUE A ZOE ESTÁ A FICAR HIPOCONDRÍACA.
O QUÊ??
TODOS OS DIAS, OS PRIMEIROS VINTE MINUTOS APÓS VIR DA ESCOLA SÃO PARA DESCREVER TODOS OS GALOS, ARRANHÕES E ESFOLADELAS QUE FEZ NA ESCOLA, AO MÍNIMO PORMENOR.
E...?
KIRKMAN & SCOTT
E, A MAIOR PARTE DESTES SUPOSTOS FERIMENTOS NÃO EXISTE! EU ACHO QUE ELA OS INVENTA!
E ENTÃO? A MAIOR PARTE DOS MIÚDOS INVENTA DÓI-DÓIS PARA CONQUISTAR A ATENÇÃO DOS ADULTOS.
OLHA O QUE GASTÁMOS EM PENSOS RÁPIDOS NO MÊS PASSADO.
UH-OH.
CORTEI-ME COM O PAPEL.

1. ZOE, A MAMÃ E EU REPARÁMOS QUE TENS USADO MUITOS PENSOS RÁPIDOS, ULTIMAMENTE. — OBRIGADO.

2. NÃO, O QUE EU QUERO DIZER É QUE TENS USADO DEMASIADOS. — AH.

3. TEMOS DE OS GUARDAR PARA QUANDO SÃO MESMO PRECISOS. — CHHHH!

4. ESSES PARA QUE É QUE SÃO? — FERISTE-ME OS SENTIMENTOS!

5. ZOE, ACERCA DESTA COISA DOS PENSOS RÁPIDOS... — QUAL COISA?

6. QUAL COISA?? ESSA COISA DOS PENSOS RÁPIDOS! DE CADA VEZ QUE TENS UMA COISINHA, PÕES MAIS UM PENSO!

7. ESCUTA... OS PENSOS SÃO PARA AS FERIDAS A SÉRIO, TÁ? NÃO FAZEM DESAPARECER AS COISAS MENORES!

8. DEPENDE DE ONDE É QUE OS POMOS. TIRA ESSAS COISAS DOS OUVIDOS E OUVE-ME!

9. MUITO BEM, NÃO HÁ MAIS PENSOS HOJE, A NÃO SER QUE FAÇAS UMA FERIDA A SÉRIO, TÁ BEM, ZOE? — SUSPIRO! TÁ BEM, PAPÁ.

10. PROMETES? — PROMETO.

11. *(sem diálogo)*

12. AONDE É QUE VAIS? — ANDAR DE SKATE NA GRAVILHA.

BABY BLUES®
BY
RICK KIRKMAN / JERRY SCOTT

SUMOS
FRUTA ENLATADA
ESPECIAL LOMBO EUR 2/KG
UH-OH...
UH-OH...
PÁRA! NÃO... PÕE ISSO NO SÍTIO!
TIRA AS MÃOS! EI! NÃO SE MEXE! PÁRA!
BOLACHAS
UAU! TANTA BOLACHA!
OU FAZEM OS CORREDORES MAIS LARGOS, OU OS BRAÇOS DOS MIÚDOS MAIS CURTOS!
BOLACHAS
KIRKMAN & SCOTT

FOI BOM, O JARDIM-ESCOLA, ZOE?
FOI PERFEITO!
UM DIA PERFEITO? UAU! ISSO É ÓPTIMO!
POIS É.
A EDUCADORA NÃO ME APANHOU UMA SÓ VEZ!
KIRKMAN & SCOTT

KIRKMAN & SCOTT
OLÁ, QUERIDA. ISTO AQUI NO ESCRITÓRIO ESTÁ TOTALMENTE (BOCEJO!) MORTO. E A TUA MANHÃ, COMO É QUE VAI?
CHLOF!

UPS!
NÃO TE PREOCUPES, MAMÃ. EU CONSIGO ENCONTRAR A COLHER DE SOPA SOZINHA.
DÁ-ME ESSES ÓCULOS!
KIRKMAN & SCOTT

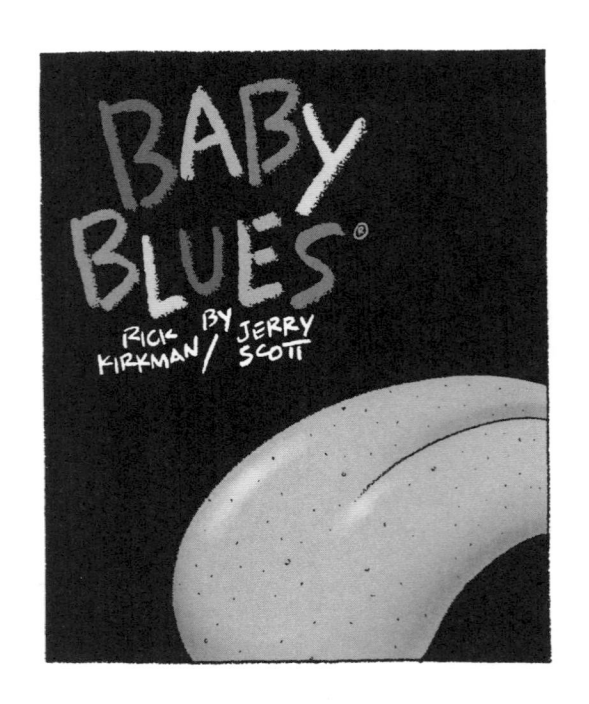

BABY BLUES
by Rick Kirkman / Jerry Scott

SNKKXXXX!

KHKXXX!

— OLÁ AÍ EM BAIXO!
— IH! IH! IH!

— SOCORRO! NÃO CONSEGUIMOS SAIR!
— EH! EH! EH!

— B-B-B-AIIIII!!! CUIDADO COM ESSA CRATERA!
— IH! IH! IH! IH! IH!

CLAP! CLAP! CLAP! CLAP!

— HÂC! HÂC! HÂC!

— O QUE É QUE SIGNIFICA, QUANDO SE ACORDA COM «HÁLITO A BRINQUEDOS»?

A VIDA DÁ GRANDES VOLTAS... ÀS VEZES DEMASIADO RAPIDAMENTE.

MAIS CINCO COLHERES DISTO, E TENHO DIREITO À SOBREMESA.
ULP! GASG!
GAG! AAACC!
BLEGH!!
MAIS QUATRO COLHERES DISTO, E TENHO DIREITO À SOBREMESA.
E O TEU PAI AINDA PERGUNTA PORQUE É QUE EU FAÇO ESPARGUETE 3 NOITES POR SEMANA.
KIRKMAN & SCOTT

HMMPF! O PAPÁ DISSE QUE EU SOU MANDONA!
EU NÃO SOU MANDONA! ODEIO QUANDO ELE DIZ QUE EU SOU MANDONA! MAIS NINGUÉM ME ACHA MANDONA! TU ACHAS-ME MANDONA?
DIZ «NÃO».
NÃO.
VIRAM???
KIRKMAN & SCOTT

SABES O MITCHELL, DA ESCOLA? ACHO QUE ELE GOSTA DE MIM.
AI É? PORQUE É QUE DIZES ISSO?
É QUE HOJE AO ALMOÇO, ATIROU-ME COM UM TORRÃO DE TERRA, MAS FALHOU.
MEU DEUS!
É ASSIM QUE ELE FAZ OS OUTROS SABER QUE GOSTA DELES?... ATIRANDO-LHES TORRÕES DE TERRA?
NÃO...
...FALHANDO.
KIRKMAN & SCOTT

BABY BLUES
by Rick Kirkman / Jerry Scott

"Eu sou uma menina crescida, sei fazer sozinha. Segura aqui."

"Tá."

"Também me seguras o casaco?"

TAP TAP TAP

"Pronto... Não consigo chegar ao fecho-éclair."

"Podes-me voltar a apertar o fecho?"

"Tudo bem. Lavaste as mãos?"

"Fui fazer xixi sozinha!"

UMA MENINA BONITA...

SÓ FAZ COISAS BONITAS...

TUNGA!

QUE É QUE FOI?

Tira 1:
- PRECISO QUE ME EMPURREM!
- ALÔ?! ALGUÉM OUVIU O QUE EU DISSE?
- POR FAVOR, EMPURREM-ME! ALGUÉM PODE VIR AQUI DAR-ME UM EMPURRÃO?
- OBRIGADA. DE NADA.

Tira 2:
- NUNCA ME HEI-DE ESQUECER DAQUELA VEZ QUE FOMOS DE AVIÃO A ESPANHA, NO NATAL, VISITAR UNS AMIGOS.
- NÃO FOI A ESPANHA, FOI AO NEBRASKA, E FOMOS DE CARRO, NÃO FOI DE AVIÃO.
- E NÃO ERAM AMIGOS, ERAM OS AVÓS. AH, POIS.
- BEM, DE QUALQUER MANEIRA, NUNCA ME HEI-DE ESQUECER.

Tira 3:
- HAMMIE! CHEGA AQUI!
- HAMMIE, SENTA AÍ! HAMMIE, APANHA-ME AQUILO! HAMMIE, NÃO TOQUES NISSO! HAMMIE, VAI ALI!
- TU PASSAS MUITO TEMPO A DAR ORDENS AO MANO, ZOE. EU SEI.
- COMO É QUE PENSAS QUE CONSEGUI FICAR TÃO BOA NISTO?

KIRKMAN & SCOTT

OLHA, HAMMIE! SE FIZERES ASSIM, CONSEGUES APANHAR FLOCOS DE NEVE COM A LÍNGUA!
BLEGH!
KIRKMAN & SCOTT
NÃO, NÃO HÁ MAIS SABORES.

UUU-ÚÚÚ!! FIM-DE-SEMANA! NÃO HÁ TRABALHO!
NÃO HÁ ESCOLA!
UAU!
É SÓ DEITAR E RELAXAR!
AH!
AH!
BOLAS, ESTOU FARTO DE NÃO FAZER NADA!
TAMBÉM EU!
Z
KIRKMAN & SCOTT

BABY BLUES
Rick Kirkman / Jerry Scott

Painel 1: Mamã, como é que se escreve «Matthew»?
M-A-T-T-H-E-W.

Painel 2: ...H...E...W.

Painel 3: E «hoje» como é que se escreve?
H-O-J-E.

Painel 4: Como é que se escreve «beijou-me»?
São duas palavras: B-E-I-J-O-U tracinho M-E.

Painel 5: O que é que estás aí a escrever?

Painel 6: M-E.
Não é da tua conta.

BABY BLUES®
RICK KIRKMAN / BY JERRY SCOTT

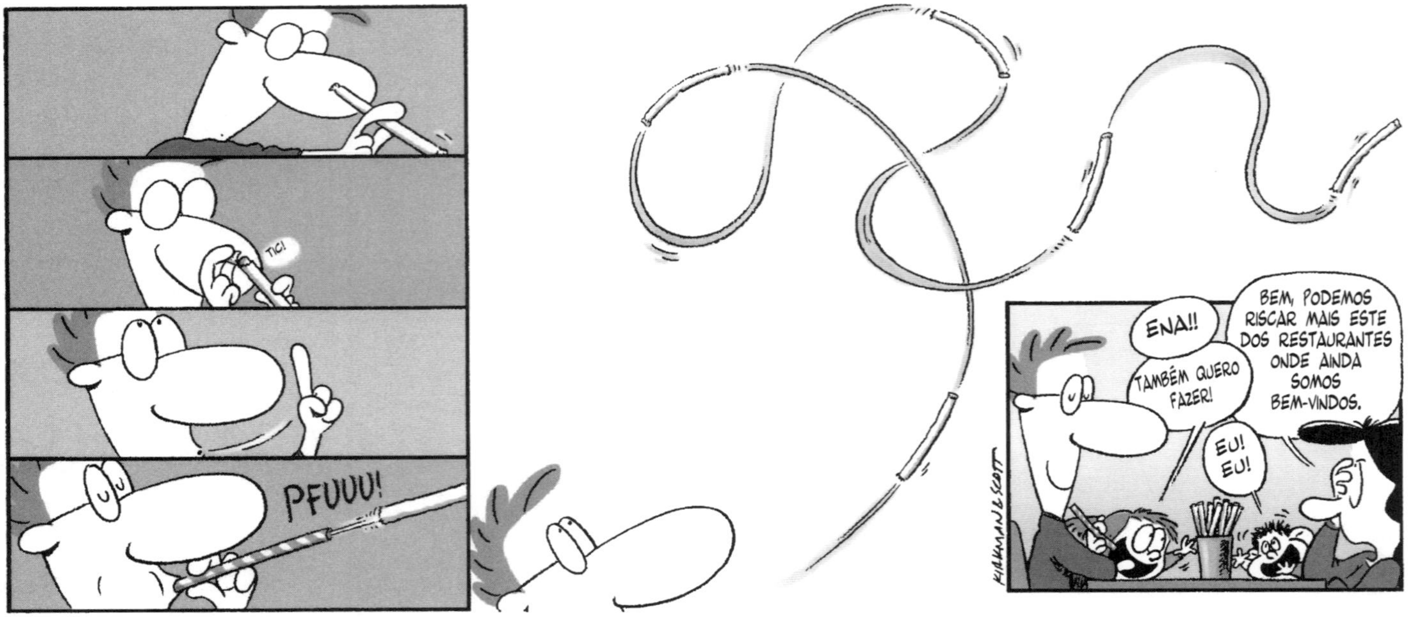
TIC!
PFUUU!
ENA!!
TAMBÉM QUERO FAZER!
EU! EU!
BEM, PODEMOS RISCAR MAIS ESTE DOS RESTAURANTES ONDE AINDA SOMOS BEM-VINDOS.
KIRKMAN & SCOTT

O QUE É QUE É ISSO, PAPÁ?
É UM KIT DE CRIAÇÃO DE BORBOLETAS!
VÊEM? ENVIAMOS ESTE POSTAL, E ELES MANDAM-NOS LAGARTAS VIVAS QUE TECEM OS SEUS PRÓPRIOS CASULOS!
VOCÊS SABEM O QUE É UM CASULO, NÃO SABEM?
É COMO UM POKÉMON?
KIRKMAN & SCOTT

OK, METAM O POSTAL NA CAIXA, E LEVANTEM A BANDEIRINHA.
E DEPOIS?
DEPOIS, ESPERAMOS QUE A EMPRESA NOS MANDE AS NOSSAS LAGARTAS VIVAS.
TÁ.
PORQUE É QUE ESTARÃO A DEMORAR TANTO?
KIRKMAN & SCOTT

AS NOSSAS LAGARTAS VIERAM NO CORREIO, HOJE?
NÃO, AINDA NÃO, MENINOS.
OHHHH...
KIRKMAN & SCOTT
AINDA ONTEM ENVIARAM O CARTÃO. AS LAGARTAS DEVEM DEMORAR UMA SEMANITA E MEIA A CHEGAR.
UMA SEMANA E MEIA??
VÁ LÁ! SÃO SÓ DEZ DIAS!
QUANTO É QUE É ISSO EM DESENHOS ANIMADOS?

38

MAMÃ! PAPÁ! UMA DAS LAGARTAS FEZ UM CASULO!
POIS FEZ!
JÁ VISTE SÓ?
E QUANDO A LAGARTA TIVER ACABADO DE SE TRANSFORMAR EM BORBOLETA, VAI SAIR DO CASULO.
QUANDO?
SEGUNDO DIZ AQUI, DAQUI A UMA SEMANA.
NÃO É INCRÍVEL, A NATUREZA?
SE «INCRÍVEL» QUER DIZER DEVAGAR, NÃO HÁ DÚVIDA!

TERÇA
AINDA ESTÁ NO CASULO!
QUARTA
AINDA ESTÁ NO CASULO!
QUINTA
AINDA ESTÁ NO CASULO!
SEXTA
AINDA ESTÁ NO CASULO?
MAS NÃO POR MUITO TEMPO.

ZOE! HAMMIE! OLHEM! ESTÁ UMA BORBOLETA A SAIR DO CASULO!
NÃO É FANTÁSTICO, COMO UMA COISA TÃO FEIA SE TRANSFORMA NUMA COISA TÃO BONITA?
MATERNIDADE DE BORBOLETAS
O QUE É QUE SE PASSA?
COMO ASSIM, PRECISO DE UM CASULO?

NÃO É LINDA?
É.
MAS NÃO A PODEMOS TER NA CAIXA MUITO MAIS TEMPO. TEMOS DE A SOLTAR.
PORQUÊ?
NIDADE OLETAS
PORQUE SIM! O QUE É QUE TU ACHAVAS SE TE OBRIGASSEM A ESTAR NUM QUARTO FECHADA, EM VEZ DE ANDARES AO SOL?
COMO NO JARDIM-ESCOLA?
DEIXA-ME REFORMULAR...
QUEM ME DERA QUE ME LIBERTASSEM!
KIRKMAN & SCOTT

ADEUS, BORBOLETINHA! DESCOBRE O TEU DESTINO NA NATUREZA!
NHAC!
AAAHHHHHHH!
BEM, DESCOBRIU RAPIDAMENTE.
KIRKMAN & SCOTT

NEM ACREDITO QUE O ESTÚPIDO DO PÁSSARO ENGOLIU A BORBOLETA!
DOIS SEGUNDOS DE LIBERDADE, E PIMBA, FOI-SE!
ACHO QUE HÁ AÍ UMA LIÇÃO A APRENDER.
QUE DEVEMOS APRECIAR CADA MOMENTO, POIS NÃO SABEMOS QUANTO DURARÁ?
É...
...E TAMBÉM, NUNCA GASTAR 21,95 EUR NUM ANIMAL DE ESTIMAÇÃO QUE PODE SER DEVORADO DUMA SÓ VEZ.
KIRKMAN & SCOTT

BABY BLUES
by Rick Kirkman / Jerry Scott

— ZOE, DÁS AO HAMMIE UMA TRINCA DO TEU CHOCOLATE DE S. VALENTIM?
— T'INCA!

— NÃO!

OOPS. BONC!

LAMBE! LAMBE!

LIMPA! LIMPA!

— ELE PEGAVA-ME OS MICRÓBIOS DELE.

Tira 1:
- TOMA, QUERIDO.
- ENA! O HAMMIE TEM COMIDO IMENSA COMIDA SÓLIDA ULTIMAMENTE!
- A ESTE RITMO, NÃO FALTARÁ MUITO PARA DEIXARES DE DAR PEITO DE VEZ!

Tira 2:
- FELIZ DIA DE S. VALENTIM, QUERIDA.
- UM SACO DA LOJA DE FERRAGENS? ORA, NÃO PRECISAVAS...
- O QUE SERÁ? UMA GROSA DE PREGOS? PARAFUSOS DE LATÃO? AQUELA LIXA DE ÁGUA QUE EU ANDO A NAMORAR?
- É UM FERROLHO EM TITÂNIO PARA A PORTA DA CASA DE BANHO.
- HÁ ROMÂNTICOS, E HÁ ROMÂNTICOS PRAGMÁTICOS...
- IMAGINA SÓ, PODER TOMAR UM BANHO DE ESPUMA SEM TER DE PREGAR A PORTA...

Tira 3:
- OLÁPAPÁADIVINHAOQUEFIZEMOSHOJE NAESCOLAVIMOSUMFILMESOBREBAL EIASQUESÃOMAMÍFEROSENÃOPEIXES DEPOISDEMOSMATEMÁTICAEOUVIMO SUMAHISTÓRIASOBREURSOSPOLARES PRONTOTENHODEIRADEUS!
- NÃO HÁ DÚVIDA QUE A ZOE ESTÁ A APRENDER IMENSAS COISAS NOVAS NO JARDIM-ESCOLA.
- QUANDO É QUE ACHAS QUE ELES DÃO A PONTUAÇÃO?

BOLAS! ACABO SEMPRE O MOLHO ANTES DO WAFFLE!
PRONTO! ASSIM DEVE CHEGAR!
SPLORP!
CHATICE! AGORA JÁ NÃO TENHO WAFFLE, E SOBROU MOLHO!
AINDA BEM QUE TENHO SEMPRE FOME DE MANHÃ...
E PERGUNTA O DARRYL PORQUE É QUE CHEGAMOS SEMPRE TARDE À ESCOLA.
KIRKMAN & SCOTT

UAU! QUE GRANDE DOCUMENTÁRIO!
ADORO ESTE DOCUMENTÁRIO! É O MELHOR DOCUMENTÁRIO QUE EU JÁ VI! VIV'ÓS DOCUMENTÁRIOS!
ZOE, ISSO SÃO DESENHOS ANIMADOS! PORQUE É QUE LHE CHAMAS DOCUMENTÁRIO?
PORQUE A MAMÃ DISSE QUE EU POSSO VER OS DOCUMENTÁRIOS TODOS QUE EU QUISER.
KIRKMAN & SCOTT

OLHA! UM IÔ-IÔ!
TUMBA
UM IÔ-IÔ É PARA SUBIR E DESCER. O TEU DESCEU, E FICOU-SE.
AH.
KIRKMAN & SCOTT
OLHA! UM IÔ-IÔ!
TUMBA

44

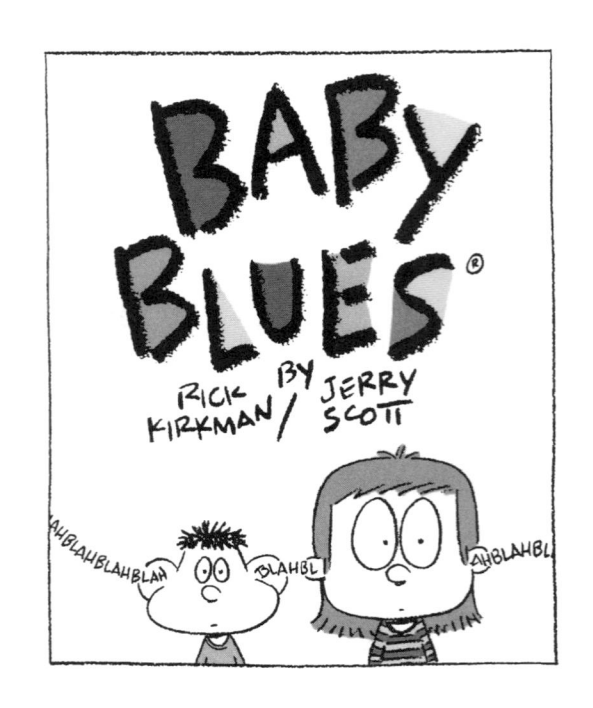

OLHA, PAPÁ, PRIMEIRO ESTA MÃO, E DEPOIS TU... NÃO, NÃO! COMEÇA OUTRA VEZ.
PAT! PAT!
PAT! PAT!
FAZES ESTA MÃO PRIMEIRO, E A SEGUIR BATES NA PERNA ASS... NÃO! NÃO É ASSIM!
PRESTA ATENÇÃO. É ESTA MÃO, DEPOIS É AQUELA, DEPOIS AS D... P-A-A-A-A-PÁ!
DESCULPA. PODEMOS TENTAR OUTRA VEZ?
TU NUNCA TE SAFAVAS NO JARDIM--ESCOLA.
KIRKMAN & SCOTT

MAMÃ, LEVO A CAMISOLA AZUL, OU A VERMELHA?
NÃO SEI... EU GOSTO DAS DUAS.
EU LEVO A QUE TU DISSERES. ESCOLHE.
HMM... OK, A VERMELHA.
ESCOLHE OUTRA VEZ.
KIRKMAN & SCOTT

NÃO TE MEXAS, PAPÁ! ESTÁ UMA ARANHA EM CIMA DE TI!

BAP! UAP! CONC! TUAP! BONC!

TENS DE TER CUIDADO, ELA PODIA-TE FAZER MAL!

SLURP! SLURP! MMMM! ESTA SOPA ESTÁ BOA! M!

AINDA BEM QUE GOSTAM. É CREME DE BRÓCOLOS.

NÃO HÁ NADA PIOR QUE DESCOBRIR QUE SE GOSTA DUMA COISA QUE SE ODEIA!

PFFTT!

Painel 1:
— OLÁ, PAPÁ.

Painel 2:
— HMM, ZOE, POSSO SABER QUANTAS CAMISOLAS TENS VESTIDAS?
— SEIS.

Painel 3:
— ESTÁS A VESTIR SEIS CAMISOLAS AO MESMO TEMPO?
— IÛP.

Painel 4:
— SENÃO, TINHA QUE AS PENDURAR.

Painel 5:
— UM-DÓ-LI-TÁ, CÁ-RA-D'A-MEN-DO-Á! O-SE-GRE-DO-CO-LO-RE-DO, QUEM ESTÁ LIVRE, LIVRE ESTÁ.

Painel 6:
— A-MINHA-MÃE-DISSE-ME-PARA-ESCOLHER-O-MELHOR-QUE-É-ESTE-AQUI-MAS-PODE-NÃO-SER-PORQUE-PODE-SER-MAS-É-ESTE-POR-ISSO-NÃO-SEI-QUAL-É-QUE-HEI-DE-ESCOLHER...

Painel 7:
— PARECE QUE A ZOE HERDOU DO PAI O CABELO RUIVO, MAIS A SUA FORMA DE TOMAR DECISÕES.
— QUE GRAVATA É QUE ACHAS QUE LEVE? A CASTANHA, OU A ACASTANHADA?

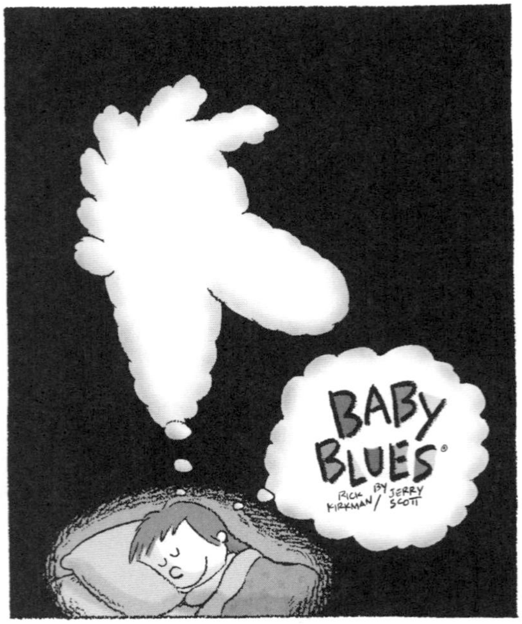
BABY BLUES®
RICK KIRKMAN / BY JERRY SCOTT

ZOE, O QUE É QUE ESTÁS A FAZER DE PÉ, QUERIDA?
TIVE UM SONHO EM QUE O PAPÁ ENTRAVA.
SONHASTE COMIGO? E O QUE É QUE ACONTECIA?
BEM, ESTÁVAMOS A CAMINHAR JUNTOS...
OOOOH... QUE BOM.
MAS TU IAS MUITO DEPRESSA.
EU TENTEI ANDAR MAIS DEPRESSA, MAS NÃO CONSEGUIA!
PEDI-TE PARA ESPERARES, MAS TU NÃO ESPERASTE!
CONTINUASTE A ANDAR CADA VEZ MAIS DEPRESSA, ATÉ QUE JÁ NÃO TE VIA, E FIQUEI CHEIA DE MEDO!
UUU-UUU-ÚÚÚ!
OH, COITADINHA!
SNIF!
DA PRÓXIMA VEZ QUE EU SONHAR CONTIGO, TENS DE SER BONZINHO!
POIS É!
VOU TENTAR...
KIRKMAN & SCOTT

OLÁ, WANDA!
OH, OLÁ, BUNNY. QUE É QUE HÁ?
DESCOBRI ESTE CD CARREGADO DE RECEITAS E DICAS CULINÁRIAS, QUE LHE PODE SER MUITO ÚTIL.
AH, OBRIGADÍSSIMA!
TENHO A CERTEZA DE QUE ME VAI SER SUPER ÚTIL NA COZINHA!
RASPA! RASPA! RASPA!

AQUELA BUNNY MEXE COMIGO!
O QUE É QUE ELA FEZ DESTA VEZ?
TEVE A LATA DE ME VIR DAR ESTE CD CHEIO DE RECEITAZINHAS ESTÚPIDAS E DICAS CULINÁRIAS! JÁ AGORA, PORQUE É QUE NÃO DISSE QUE EU SOU UMA PÉSSIMA COZINHEIRA?
MAS AMBOS SABEMOS QUE NÃO É VERDADE, POR ISSO NÃO VALE A PENA ENERVARES-TE COM ISSO!...
ALÉM DE QUE, QUANDO TE ENERVAS, DEIXAS O ESPARGUETE E OS CACHORROS-QUENTES ESTURRICAR.

A BUNNY PÕE-ME COMPLETAMENTE FORA DE MIM.
CORRE TODOS OS DIAS UMA HORA NA MÁQUINA DE GINÁSTICA ANTES DE FAZER UM PEQUENO-ALMOÇO FABULOSO AO BUTCH E AO BOGART.
EU SEI.
MAS ALÉM DISSO, TRATA DO JARDIM, FAZ DECORAÇÃO, TOCA PIANO, E É VOLUNTÁRIA NOS SEM-ABRIGO!
NÃO SEI COMO É POSSÍVEL!
SE CALHAR, SIMPLESMENTE GERE BEM O SEU TEMPO.
NÃO, QUER DIZER, NÃO SEI COMO É POSSÍVEL IMPEDI-LA DE NOS FAZER SENTIR TÃO MAL!

OOF!
UNGH!
UMMPH!
AAARG!
OOH! OOH!
BOOF!
UAU! EH! EH! EH!
OBRI-GADO.
OBRI-GADO.
E AGORA, A MAMÃ A SAIR DA CAMA DE MANHÃ.
OS OUTROS TÊM RECITAIS DE BALLET E DE CANTO... NÓS TEMOS UMA FILHA QUE FAZ IMITAÇÕES.
KIRKMAN & SCOTT

HAMMIE, APANHAS O TEU BRINQUEDO AO PAPÁ?
APANHA, VÁ LÁ, FILHO. TU CONSEGUES. APANHA, APANHA. ISSO. CONTINUA. APANHA-O.
DÁ CÁ, FILHO. APANHA O CAMIÃO. TU CONSEGUES, VÁ LÁ, APANHA O CAMIÃO.
KIRKMAN & SCOTT
O QUE É QUE SE PASSA?
ARRRRRGH!
O HAMMIE ESTÁ A APRENDER A IGNORAR O PAPÁ.

BAM!
NÃO ME APANHAS!
EI!
TRÁS!
AU!
ORA, SEU...
BANG!
EI! O QUE É QUE SE PASSA? QUE SILÊNCIO É ESSE?
TRÁS!
TONG!
CUIDADO!
AH! AH! AH!
DÁ CÁ ISSO!
É MEU!
BAM!
EU ACHO QUE ELES FAZEM AQUILO SÓ PARA ME IRRITAR.
PERÍODOS ALEATÓRIOS DE SILÊNCIO.
KIRKMAN & SCOTT

BABY BLUES®
BY RICK KIRKMAN / JERRY SCOTT
HIC! HIC! HIC! HIC! HIC! HIC! HIC! HIC! HIC! HIC! HIC! HIC!

HIC! HIC! HIC! HIC!
HIC! HIC! HIC!
GLUG! GLUG! GLUG!
HIC! HIC! HIC!
AAHH...
HIC! HIC! HIC!
HIC! HIC! HIC! HIC!
TOC! TOC! TOC!
OLÁ.
GLUP!
KIRKMAN & SCOTT
? ?
MANDA SEMPRE.
JÁ NÃO TEM SOLUÇOS!

QUE TAL ESTA?
NÃO! ESTA!
ESTA FICAVA--TE BEM...
OU ESTA...
JÁ HÁ UNS TEM-POS QUE NÃO USAS ESTE...
NÃO!
IÛC!
NÃO! NÃO! NÃO!
TUDO BEM! VESTE O QUE QUISERES! NÃO TENHO TEMPO PARA DISCUTIR CONTIGO!
O MEU PAI É QUE ME AJUDOU A ESCOLHER A ROUPA HOJE.
Aa Bb
Dd Ee F
KIRKMAN & SCOTT

BOCEJO!
LENÇOS DE PAPEL USADOS, TRÊS UVAS, UM SAPATO DE BONECA, DOIS CHEERIOS, E UMA BOLACHA.
EU NÃO USO CALÇAS, USO SACOS DE LIXO COM DUAS PERNAS...
KIRKMAN & SCOTT

EI! COMO É QUE ESTÁ O MENINO DO PAP...
PORQUE É QUE ESTÁS A FAZER ESSA CARA?
ESPERA... EU CONHE-ÇO ESSA CARA.
O NARIZ ENGELHADO... OS OLHOS SEMICER-RADOS... TU VAIS...
... ESPIRRAR!
AT-CHUUUM!
KIRKMAN & SCOTT
AINDA MENOS DO QUE TU PENSAS!
BOLAS! ESSE FOI POR POUCO!
SNERF!

O HAMMIE ESTÁ A COMER PIPOCAS.
ENTÃO DIZ-LHE PARA PARAR. ESTÁ QUASE NA HORA DE JANTAR.
E BATATAS FRITAS.
O QUÊ?
E AMENDOINS... E M&M'S...
ZOE, VAI TER COM ELE, E DIZ-LHE QUE EU DISSE PARA PARAR DE COMER ISSO TUDO!
TÁ BEM.
A MAMÃ DISSE PARA SAÍRES DAÍ DEBAIXO ANTES QUE PERCAS O APETITE PARA O JANTAR!
KIRKMAN & SCOTT

NÃO É ASSIM QUE A MAMÃ LHE LAVA A CARA.
NÃO É ASSIM QUE A MAMÃ LHE LAVA A CABEÇA.
SUSPIRO!
A MAMÃ LAVA-LHE SEMPRE PRIMEIRO OS PÉS.
KIRKMAN & SCOTT
EI, SE NÃO QUERES AJUDA, PORQUE É QUE NÃO DIZES LOGO?

UIIÍÍ!
HA-I-IAA!
AH! AH!
EI! GUINCHO!
OK, MENINOS! JÁ CHEGA DE MACACADAS POR ESTA NOITE!
ESTÁ NA HORA DE VESTIREM O PIJAMA E ESCOVAREM OS DENTES.
VAMOS!
OOOOH...
OH.
JÁ VOLTO DAQUI A BOCADINHO, PARA TE AJUDAR.
TRAZ ASPIRINAS!
KIRKMAN & SCOTT

BABY BLUES
Book by Rick Kirkman / Jerry Scott

— LIMPO
— LIMPO
— HÁ ALGUÉM QUE ESTÁ METIDO EM SARILHOS!
— NÓS NÃO!

EI! SUBTRAÍ MAL! TEMOS MAIS SESSENTA E CINCO EUROS NA CONTA DO QUE EU PENSAVA!
SIM! SIM! SIM!
PODES IR AVIAR A RECEITA DO HAMMIE?
ELES NA FARMÁCIA DISSERAM QUE ERA SESSENTA E CINCO EUROS.
NÃO! NÃO! NÃO!
KIRKMAN & SCOTT

QUE MARAVILHA!
PASSEI PELOS MIÚDOS, E ESTAVAM A BRINCAR JUNTOS EM PAZ E SOSSEGO, O QUARTO ESTAVA ARRUMADO, E A TV NEM SEQUER ESTAVA LIGADA.
KIRKMAN & SCOTT
MUITO BEM... AFINAL O QUE É QUE SE PASSA AQUI?

VINTE MINUTOS ATÉ AO CINEMA... TRÊS MINUTOS PARA ESTACIONAR... DEZ MINUTOS NA BICHA... NOVENTA MINUTOS DE FILME... VINTE E TRÊS MINUTOS PARA VOLTAR PARA CASA...
PORTANTO SÃO VINTE EUROS PARA A KIKI... DEZASSEIS EM BILHETES... CINCO EM PIPOCAS...
SEGUNDO ESTES CÁLCULOS, PODEMOS IR AO CINEMA OU CONTRATAR UMA BABYSITTER, MAS NÃO AMBOS.
DECISÕES... DECISÕES...
EI!
KIRKMAN & SCOTT

OH MEU DEUS! TENS O OLHO TODO VERMELHO E INCHADO, ZOE!
SERÁ UMA CONJUNTIVITE?
O QUE É ISSO?
PISCA! PISCA!
É UMA INFECÇÃO DO OLHO... TEMOS DE TER MUITO CUIDADO, PORQUE É MUITO...
KIRKMAN & SCOTT
... CONTAGIOSA.
PISCA!
PISCA!
PISCA!
PISCA!
É UMA CONJUNTIVITE, SRA. MACPHERSON.
SE LHES PUSER ESTAS GOTAS NOS DOIS OLHOS QUATRO VEZES POR DIA, NÃO DEVE TER PROBLEMAS.
TÁ BEM, TÁ... NÃO DEVO TER PROBLEMAS...
KIRKMAN & SCOTT
CONJUNTIVITE? OS DOIS?
IÛP. ACABÁMOS DE VIR DO MÉDICO.
TÊM AMBOS DE PÔR GOTAS 4 VEZES POR DIA DURANTE UMA SEMANA.
BEM, NÃO PARECE MUITO DIFÍCIL.
POIS NÃO, ALIÁS EU ENSINO-TE QUANDO CHEGARES A CASA.
ÓPTIMO!
KIRKMAN & SCOTT

QUER DIZER QUE ESTA COISA DA CONJUNTIVITE É MUITO CONTAGIOSA, É?
MUITO MESMO.
ESPALHA-SE COMO O FOGO, POR ISSO A ZOE VAI TER DE FALTAR À ESCOLA UNS DIAS.
E VAMOS TER DE LAVAR AS MÃOS MUITAS VEZES E ESTERILIZAR TUDO AQUILO ONDE OS MIÚDOS TOQUEM, PARA NÃO...
...NOS PEGAREM.
TARDE DEMAIS.
PISCA!
PISCA!
KIRKMAN & SCOTT

AAAAAAGH!
TAMBÉM JÁ APANHEI!
COMO É QUE PODEMOS FICAR OS QUATRO AO MESMO TEMPO? NÃO É JUSTO!
KIRKMAN & SCOTT
PARECEMOS UMA FAMÍLIA DE CLONES DO POPEYE.
SERÁ QUE OS ESPINAFRES FAZEM BEM A ISTO?

IAAAAA!
ESGUICHA!
HIAAAAA!
ESGUICHA!
ESGUICHA!
ESGUICHA!
ESGUICHA!
IAAAA!
ESGUICHA!
ESGUICHA!
TU DISSESTE PARA PÔR AS GOTAS AOS MIÚDOS — NÃO DISSESTE COMO.
KIRKMAN & SCOTT

NEM VAIS ACREDITAR, MÃE! ESTAMOS TODOS COM CONJUNTIVITE!
SIM! A ZOE, O HAMMIE, O DARRYL, E EU, TODOS!
AI, ESTÁ UMA MISÉRIA! OS MIÚDOS ANDAM À BULHA, O DARRYL SÓ ME EMPATA, ESTÁ TODA A GENTE COM OS NERVOS EM FRANJA...
MEU DEUS! COMO É QUE AGUENTAS?
TENHO OS MEUS TRUQUES.
MAMÃ?
WANDA?
ONDE É QUE ESTÁ A MAMÃ?

OLHA SÓ AS COISAS QUE EU ENCONTREI NO CACIFO DA ZOE NA ESCOLINHA!
TUDO ISSO SÓ POR FALTAR DOIS DIAS?
MAIS TARDE VEJO ISTO.
É. VAMOS MAS É SENTAR E DAR GRAÇAS POR A CONJUNTIVITE TER ACABADO, E ESTARMOS DE NOVO BEM.
GRUMPF! ESPERO NUNCA TERMOS DE VOLTAR A LIDAR COM UMA COISA TÃO REPUGNANTE!
AHA! NÃO É PROVÁVEL!
AVISO! SURTO DE PIOLHOS NO JARDIM-ESCOLA

AAAAAAARGGHHH!
TUMBA! TUMBA! TUMBA! TUMBA! TUMBA!
OLHA... E SE EU TOMASSE CONTA DOS MIÚDOS ENQUANTO TU FAZES O JANTAR?
XI... COMO É QUE EU NÃO PENSEI NISSO?

BABY BLUES®
BY
RICK KIRKMAN / JERRY SCOTT

DÁS-ME UMA TRINCA DO TEU GELADO?
N...
TÁ BEEM...
HÁ ALGUÉM QUE TEM DE APRENDER A PARTILHAR...
HÁ ALGUÉM QUE TEM SORTE DE OS MIÚDOS ESTAREM PRESENTES...

OK, MENINOS! VAMOS!

VOU BUSCAR UM CARRINHO. VOU TER CONVOSCO AO HIPER.

CALÇA OS SAPATOS, ZOE.

ONDE É QUE ESTÁ O TEU CASACO, HAMMIE?

PAREM COM AS BULHAS!

ESPERA, TENS O ATACADOR DESAPERTADO!

VOLTA A PÔR OS LÁPIS NA CAIXA!

O QUE É QUE ACONTECEU À OUTRA LUVA?

PRONTO! FINALMENTE ESTAMOS PRONTOS PARA IR AJUDAR A MAMÃ A FAZER AS...

...COMPRAS.

TARDE DE MAIS.

61

Z
KIRKMAN & SCOTT

NHAC
SLUUURP!
CRROOC!
AHHH!
PRONTO, MAMÃ! JÁ TÁ!
COMERAM AS BOLACHAS TODAS? BOM TRABALHO!
OBRIGADO!
KIRKMAN & SCOTT
ESTÃO À ESPERA DE QUÊ?
DA SOBREMESA!

HMMM...
ESTAS CALÇAS FAZEM-ME O RABO GRANDE?
DZUC!
SIM.
SUSPIRO!
TENS RAZÃO.
KIRKMAN & SCOTT
ENA... NÃO SABIA QUE DAVA PARA RESPONDER «SIM» A ESSA QUESTÃO E SOBREVIVER!
SE FOSSE A TI NÃO EXPERIMENTAVA.

MAMÃ! O HAMMIE PEGOU NOS CUBOS TODOS E NÃO MOS EMPRESTA!
MAMÃ! O HAMMIE FICOU COM AS BOLACHAS!
MAMÃ! O HAMMIE ESTÁ A FICAR COM AS BOLAS DE SABÃO TODAS!
SUSPRO!
MAMÃ! O HAMMIE ESTÁ A RESPIRAR O AR TODO!
SNI-I-F-F! SNI-I-I-F-F! SNI-I-I-I-I-FF!
É A TUA VEZ!
KIRKMAN & SCOTT

POSSO BEBER MAIS LEITE, SE FAZ FAVOR?
CLARO, QUERIDA.
AH, E JÁ QUE ESTÁS DE PÉ, TRAZES O SAL?
TÁ.
TEMOS KETCHUP?
VOU BUSCAR.
E PICKLES, TEMOS, QUERIDA?
SIM.
O HAMMIE DIZ QUE QUER MAIS CHEERIOS.
JÁ LEVO.
PRONTO! HÁ MAIS ALGUMAS PERGUNTAS, ANTES DE EU ME SENTAR PARA COMER O MEU JANTAR?
LEITE
Cheerios
O QUE É A SOBREMESA?
KIRKMAN & SCOTT

O QUE É QUE É ISSO?
É UMA IMAGEM DE ULTRA-SONS DE ANTES DE TU NASCERES.
QUER DIZER, DE QUANDO EU AINDA ESTAVA DENTRO DA BARRIGA DA MAMÃ?
ISSO MESMO.
KIRKMAN & SCOTT
ZOE, O QUE É QUE ESTÁS A FAZER??
ESTOU À PROCURA DA CÂMARA.

BABY BLUES®
BY
RICK KIRKMAN / JERRY SCOTT

MUITO BEM, MENINOS... CHEGA DE TV POR HOJE.
CLIC!
OOOOOOHH!
NÃO VÃO FICAR O DIA TODO A VER TELEVISÃO! VAMOS FAZER UM JOGO!
QUE JOGO?
SEI LÁ. UM JOGO QUALQUER QUE VOCÊS QUEIRAM!
OK, VAMOS BRINCAR AO JOGO DA BANDA-DO-MACACO-COWBOY-QUE-ASSOBIA!
EU ARRUMEI ESSE NA GARAGEM PORQUE VOCÊS NUNCA O QUERIAM, LEMBRAM-SE?
MAS AGORA QUEREMOS.
NÃO FAZ MAL.
VOU DEMORAR UNS VINTE MINUTOS A ENCONTRÁ-LO!
POR FAVOOOOR?
OK... OK... VOU BUSCÁ-LO...
OBRIGADO, PAPÁ. NÓS ESPERAMOS AQUI.
EI! AGUENTEM AÍ!
CLIC!
KIRKMAN & SCOTT

SIM! SIM! SIM! SIM!
NÃO! NÃO! NÃO! NÃO!
E AGORA, ESTÃO A DISCUTIR PORQUÊ?
UMA DISCUSSÃO TEM DE SER POR CAUSA DE ALGUMA COISA?
KIRKMAN & SCOTT

UM BOM DIA DE ESCOLA PARA TI, ZOE.
TÁ.
DIVERTE-TE E PRESTA ATENÇÃO AO PROFESSOR.
HEIN?
EU DISSE: «DIVERTE-TE E PRESTA ATENÇÃO AO PROFESSOR.»
AO MESMO TEMPO?
KIRKMAN & SCOTT

TA-TAAA! UM URSINHO NOVO PARA CADA UM!
ENA!
UAU!
VOU CHAMAR À MINHA: «CRISTINA FLOR GOMA BEIJO-QUEIRA»!
QUE BONITO. E TU, HAM-MIE, COMO É QUE VAIS CHAMAR AO TEU?
CAMIÃO.
LA LA LA LA LA!
NÃO ME VENHAM CÁ FALAR EM BRINQUEDOS UNISSEXO...
BBBBBBBB...
KIRKMAN & SCOTT

ZOE, O QUE É QUE QUERES PARA O TEU ALMOÇO DE AMANHÃ?
UMA SANDES DE MANTEIGA DE AMENDOIM E GELEIA — SEM CÔDEA — BOLACHAS DOS PEIXINHOS, MAÇÃ DESCASCADA, LEITE, E UM QUEQUE.
ISSO É EXACTAMENTE O QUE FOI O TEU ALMOÇO DE HOJE, E TU MAL LHE TOCASTE!
SE EU ME DOU AO TRABALHO DE TE PREPARAR O ALMOÇO, TENS DE O COMER.
NESSE CASO, SÓ O QUEQUE.

TUMBA!
O TEU MANINHO NÃO É UMA BOLA!
EU SEI — É SÓ PARA TREINAR!

LÊS-NOS UMA HISTÓRIA HOJE, PAPÁ?
AHHHH, QUERIDA, O PAPÁ ESTÁ MESMO CANSADO.
POR FAVOR?? A MAMÃ LÊ-NOS SEMPRE! É A TUA VEZ!
PAPÁ LÊ? PUFAVÔ!
TÁ BEM...
ENA! O PAPÁ VAI-NOS LER UMA HISTÓRIA!
O PAPÁ VAI-NOS LER UMA HISTÓRIA!
UAU! PAPÁ!
LÊ EXACTAMENTE COMO A MAMÃ!

BABY BLUES
by Rick Kirkman / Jerry Scott

Painel 2: Eu fiz-lhe outra vez.

Painel 3: Não sei porque é que o fiz. Só sei que não consegui evitar.

Painel 4: Sempre que vejo a cabecinha de amendoim dele a aparecer fora daquela camisola, eu... sabes como é... Lamento.

Painel 6: Tumba! Tumba!

Painel 8: Não há mais camisolas de gola alta para ti, até aprenderes a defender-te. — Ufa!

TU PRIMEIRO.
EU ABRO COM UM CHEFE IMPLICATIVO.
EU IGUALO O TEU CHEFE IMPLICATIVO E PONHO MAIS UM PAR DE FEDELHOS.
OK... EU IGUALO O TEU PAR DE FEDELHOS E PONHO MAIS UMA REUNIÃO GERAL E UMA FALHA INFORMÁTICA.
EU IGUALO A TUA REUNIÃO GERAL E A FALHA INFORMÁTICA E PONHO MAIS UMA DOR DE OUVIDOS, DOIS NARIZES A CORRER, E UM DIA DE CHUVA.
EU PASSO.
TUMBA!
EU SABIA QUE NÃO SE JOGA «PÓQUER-DIA-TERRÍVEL» COM UMA MÃE.
PAGA, TOTÓ.
KIRKMAN & SCOTT

SE SACUDIRES AS MÃOS EM CIMA DO LAVATÓRIO, O CHÃO NÃO FICA TODO MOLHADO.
AHHHHHHH.
KIRKMAN & SCOTT

DESCOBRIMOS UM PROGRAMA CHAMADO MTV!
BLOQUEAR CANAL! BLOQUEAR CANAL! BLOQUEAR CANAL!
KIRKMAN & SCOTT

GLUP!!
UMA T-SHIRT NOVA! ADORO-A!
É PARA O HAMMIE, ESTÁS A VER? TEM UM CAMIÃOZINHO NA PARTE DA FRENTE.
ELE É CAPAZ DE GOSTAR, QUE ELE GOSTA DE T-SHIRTS IDIOTAS.
KIRKMAN & SCOTT
«T-SHIRTS IDIOTAS»?? HÁ UM MINUTO, ADORAVA-LA!
HÁ UM MINUTO, PENSAVA QUE ERA MINHA.

MAMÃ! ESPERA! PÁRA!
COÇA! COÇA!
AHHHHH!
COÇA! COÇA!
OBRIGADO, MAMÃ! ADEUS!
DEVE ESTAR OUTRA VEZ NA ALTURA DE DEPILAR AS PERNAS.
KIRKMAN & SCOTT

ZOE, VAI VER SE O PAPÁ PRECISA DE AJUDA NO JANTAR.
TÁ BEM.
OH, NÃO! OH, NÃO! OH, NÃO!
CHUFFF!
BLURP! BLURP!
E ENTÃO?...
DISSE: «OH, NÃO.»
KIRKMAN & SCOTT

BABY BLUES
by Rick Kirkman / Jerry Scott

Painel 1: AHHHH! ISTO É O SÍTIO PERFEITO PARA LANÇAR UM PAPAGAIO!

Painel 2: ORA BEM, A PRIMEIRA COISA A FAZER É VER AS... OOPS!

Painel 3: ENFIM... QUEM É QUE PRECISA DE INSTRUÇÕES?

Painel 4: SÓ TEMOS É DE ENFIAR ESTE PAU NAQUELE... AUGH! TRRREEC!

Painel 5: BEM, PODE SER QUE NÃO FAÇA MAL SE EU CONSEGUIR METER ESTE... TCHEC!

Painel 6: BOLAS!

Painel 7: DESCULPEM LÁ, MENINOS... ACHO QUE HOJE NÃO VAMOS CONSEGUIR LEVANTAR NADA DO SOLO.

NÃO SE ESQUEÇAM DE SE DESCALÇAR!
E VÊ SE O HAMMIE NÃO PERDE AS MEIAS NA CAIXA DAS BOLAS...
UH-OH.
OUTRA VEZ.
O HAMMIE PERDEU OUTRA VEZ AS MEIAS NA CAIXA DAS BOLAS.

OH, HAMMIE! É O TERCEIRO PAR DE MEIAS QUE PERDES NA CAIXA DAS BOLAS ESTE MÊS!
DECH-CUPA.
ZOE, SERÁ QUE PODES...
NÃO TE PREOCUPES, MAMÃ! EU ENCONTRO-AS!
TCHUCA
TCHUCA
TCHUCA
E ENTÃO?...
TENHO BOAS E MÁS NOTÍCIAS...

FIQUEM AQUI, ENQUANTO EU VOU PROCURAR AS MEIAS DA ZOE.
TÁ.
DESCOBRISTE AS MINHAS MEIAS, MAMÃ?
ACHO QUE SIM.
MAS PRIMEIRO, TEMOS DE FAZER UMA TRIAGENZINHA...

DIZES-ME AS HORAS, ZOE?
CLARO.
DEIXA VER... JÁ JANTÁMOS, TENHO O PIJAMA VESTIDO, E A MAMÃ ESTÁ A DAR PEITO AO HAMMIE...
PORTANTO DEVEM SER UMAS... 7:38.
7:38
ACHO QUE A NOSSA ROTINA ESTÁ A IR UM POUCO LONGE DEMAIS.
KIRKMAN & SCOTT

ESTOU ESFOMEADO! O QUE É O JANTAR?
BEM...
...QUE TAL SALMÃO GRELHADO SERVIDO SOBRE FETTUCCINI, COM UM MOLHO LEVE DE FUNCHO, SALADA CÉSAR E LEGUMES COZIDOS AO VAPOR?
UAU! ISSO É DIGNO DO MENU DE UM BOM...
...RESTAURANTE.
NÃO TE ESQUEÇAS DA CARTEIRA!
KIRKMAN & SCOTT

AGORA QUERO QUE TU EXPERIMENTES UMA GARFADA DE BETERRABA.
ÍÜC! ODEIO BETERRABA!
COMO É QUE SABES QUE ODEIAS UMA COISA QUE NUNCA PROVASTE?
SEI, E PRONTO.
KIRKMAN & SCOTT

BABY BLUES®
RICK KIRKMAN / BY / JERRY SCOTT
ESCONDESTE-OS TODOS?
IÚP. ISTO VAI SER UMA GRANDE CAÇA AOS OVOS... ESTOU ANSIOSO QUE CHEGUE AMANHÃ DE MANH...
OS MEUS OVOS! AAAAAAAAGH!
#!@*!@**! DE CHUVA!!!
O COELHINHO DA PÁSCOA ESTÁ NO JARDIM A DIZER PALAVRÕES!
KIRKMAN & SCOTT

74

MMMMMM!
É BOM, O HAMBÚRGUER!
POIS É.

EU GOSTO DESTE SÍTIO.
MESAS LIMPAS... O SERVIÇO É BOM... A COMIDA É ÓPTIMA...

PASSAVA-SE BEM É SEM AS PALHINHAS À DISCRIÇÃO...
OLHA! UMA CANA DE PESCA!
KIRKMAN & SCOTT

MAMÃ, ISTO É UMA PALAVRA?
EEEP!
AH... HMM... HEIN... NÃO. NÃO É UMA PALAVRA.
AH, TÁ BEM.
VÊS, EU DISSE-TE QUE AS LETRAS, É GIRO!
KIRKMAN & SCOTT

A ZOE E O HAMMIE ANDAM À BULHA DESDE QUE SE LEVANTARAM, E EU ANDO FEITA UMA BRUXA O DIA TODO.
QUANDO EU IA MESMO PERDER AS ESTRIBEIRAS, VIERAM OS DOIS TER COMIGO, DAR--ME UM XI-CORAÇÃO E UM BEIJO.
BEM, NÃO ME PARECE QUE TENHAS SIDO ASSIM TÃO...
POR ISSO DECIDI AFINAL NÃO OS COZINHAR E COMER AO JANTAR.
...BRUXA.
KIRKMAN & SCOTT

ANDA CÁ, HAMMIE... TENS A CARA SUJA.
NÃO!
VEM CÁ! EU SÓ TE QUERO... PÁRA QUIETO ENQUANTO EU... PÁRA DE FAZER FORÇA...
NÃO! NÃO! NÃO! NÃO! NÃO! NÃO!
TUMBA!
ANDA CÁ... TENS A CARA SUJA.
KIRKMAN & SCOTT

BABY BLUES
Rick Kirkman / Jerry Scott

— ELES TÊM TOSTA DE QUEIJO, FRANGO COM BATATA FRITA, E DOURADINHOS DE PEIXE.
— NÃO QUERES A TOSTA?
— NÃO GOSTO DE QUEIJO DERRETIDO!

— ENTÃO O FRANGO.
— TÁ BEM, PODE SER.

— ERA UMA DE FR...
— NÃO, ESPERA... PREFIRO OS DOURADINHOS.

— ENTÃO É UMA DE DOURAD...
— A NÃO SER QUE QUEIRAS QUE EU COMA O FRANGO.

— ESCUTA, ZOE. PODES COMER O QUE QUISERES. SÓ TENS É QUE DECIDIR!
— OK! OK! QUERO O FRANGO!
— TENS A CERTEZA?
— TENHO!

— (SUSPIRO) UMA DE FRANGO E UM LEITE. EU QUERO UM ICE TEA.
— SÃO 2,87 EUR.

— MMMM! FRANGUINHO! ADORO FRANGO! IAM, IAM! ESTOU DOIDA POR COMER O FRANGO!

— PENSANDO BEM, SE CALHAR PREFIRO OS DOURADINHOS...
CLUNC!

MAMÃ, PODEMOS IR LÁ PARA FORA FAZER DESENHOS NO PÁTIO COM O TEU BATOM NOVO?
NÃO, NÃO PODEM.
NÃO PODEMOS MESMO, OU SE CALHAR NÃO PODEMOS?
NÃO PODEM MESMO.
NÃO-PODEMOS-GÉNERO-VAMOS-PARA-O-QUARTO, OU NÃO-PODEMOS-E-FICAMOS-SEM-SOBREMESA-NEM-TV-UMA-SEMANA?
NÃO ESTOU A GOSTAR DO RUMO QUE A CONVERSA ESTÁ A TOMAR.
KIRKMAN & SCOTT

VAI PERGUNTAR AO MENINO SE ELE QUER BRINCAR CONTIGO, HAMMIE.
ELE CHAMA-SE MATTHEW.
SÓ TENS DE DIZER: «OLÁ, EU SOU O HAMMIE, QUERES BRINCAR?»
CAMIÃO!
T'ACTOR!
KIRKMAN & SCOTT
OU ISSO...
MAQUINARIA PESADA: A LINGUAGEM UNIVERSAL DO MACHO.
BBBB

MAMÃ!
O ATAQUE DAS NUVENS DE POEIRA.
COLO!
KIRKMAN & SCOTT

ZOE, DIZES AO PAPÁ QUE PRECISO DELE AQUI?
SIM.
PAPÁ! A MAMÃ PRECISA DE TI!
OBRIGADO.
MAIS ALGUMA MENSA-GEM?
NÃO.
PRECISO DE UMA ASPIRINA.
TRAZ ASPIRI-NAS!
KIRKMAN & SCOTT

UFA! QUE DIA!
HOJE À NOITE, SÓ QUERO TIRAR OS SAPATOS, AFUNDAR-ME NO SOFÁ, E...
KIRKMAN & SCOTT
...RELAXAR...
AHA! EU GANHEI, PORQUE APERTEI A MINHA DESDE O FUNDO!
BOLAS!
ESTÁS A AJUDAR OS MIÚDOS A LAVAR OS DENTES, NÃO ESTÁS, DARRYL?

E QUE TAL VESTIRES OS CAL-ÇÕES COR-DE-ROSA HOJE, ZOE?
NÃO! ESSES NÃO! ODEIO-OS! TENHO SEMPRE QUE VESTIR COISAS QUE TU QUERES QUE EU USE, E NUNCA VISTO O QUE EU GOSTO!
TUDO BEM! VESTE O QUE QUISERES.
POR EXEMPLO?
KIRKMAN & SCOTT

BABY BLUES®
RICK KIRKMAN / BY JERRY SCOTT

ESTE ESTILO ESTÁ MUITO NA MODA.
HMM... LEVES... A FORMA É BONITA... GOSTO DA COR...
EI, ZOE! HAMMIE! VENHAM CÁ UM MINUTO!
PAPÁ!
OK, OBRIGADO. VOLTEM A IR TER COM A MAMÃ.
TEM ALGUMA ARMAÇÃO MAIS RESIS-TENTE?

ANDO PREOCUPADA COM A FORMA COMO BERRAS COM OS MIÚDOS, ULTIMAMENTE.
É?
POIS. NÃO ESTÁ CERTO.
AU!
PÁRA!
MURRO!
PONTAPÉ!
MORDIDELA!
LARGA!
TENHO DE BERRAR MENOS, É?
NÃO, TENS DE BERRAR MAIS.
KIRKMAN & SCOTT

WANDA, PRECISO DE UM FAVOR SEU.
PODE TOMAR CONTA DO BRYAN, DURANTE UMA HORA, A SEGUIR À ESCOLA?
AI, EU... HMM...
AGRADEÇO-LHE, E COMO O BRYAN E A ZOE SE DÃO TÃO BEM, SABIA QUE NÃO SE IMPORTARIA. EU VOU BUSCÁ-LO ÀS DUAS.
HMMM... TÁ.
O BRYAN AINDA FINGE QUE É UM DINOSSAURO E MORDE AS PESSOAS?
SÓ QUANDO EU NÃO ESTOU POR PERTO.
KIRKMAN & SCOTT

QUERES UM CHAZINHO, PAPÁ?
CLARO.
SÓ UM MINUTO... ONDE É QUE FOSTE BUSCAR ESTA ÁGUA?
A MAMÃ DEU.
AH, TÁ BEM.
CHLURP.
SÓ QUE ACABOU, POR ISSO FOMOS BUSCAR MAIS AO TANQUE DOS PEIXES.
PTTTTHHHT!
KIRKMAN & SCOTT

ADIVINHA O QUE EU FIZ NA ESCOLA NA SEGUNDA--FEIRA!
HMMM... VISTE UM FILME?
NÃO! ADIVINHA OUTRA VEZ!
TIRARAM-TE O RETRATO?
NÃO.
APRENDESTE UMA CANÇÃO NOVA?
NÃO.
TOCASTE UM INSTRUMENTO?
NÃO.
FIZESTE UM AMIGO NOVO?
NÃO.
KIRKMAN & SCOTT
ALGO ME DIZ QUE ESTE JOGO SE VAI PROLONGAR.
É! A MAMÃ ESTÁ HÁ UMA SEMANA A JOGAR!
E AGORA É A VEZ DO PAPÁ.

PAPÁ! O HAMMIE ESTÁ A SER MAU!
ENTROU NO MEU QUARTO SEM BATER, ENCHEU-ME A PORTA DE DEDADAS, DEU UM PONTAPÉ NA CAMA DAS BONECAS, ROUBOU A MINHA MOEDINHA, COMEU UM PEDAÇO DO MEU CHUPA SEM PEDIR, E PÔS-ME A LÍNGUA DE FORA SÓ DE MALDADE!
KIRKMAN & SCOTT
A ZOE BATEU--ME.
ALEM DE QUE É UM QUEIXI-NHAS!
VAMOS FALAR.

O QUE É QUE ESTÁS A FAZER, ZOE?
OS TRABALHOS.
QUE TRABALHOS?
BEM, TEMOS DE FAZER UMA RODINHA NOS PARES, ESCREVER AS LETRAS DO ALFABETO, CONTAR ATÉ VINTE...
SE EU ESTIVER A IR MUITO DEPRES-SA, MANDA-ME PARAR.
KIRKMAN & SCOTT

Baby Blues
by Rick Kirkman / Jerry Scott

FORA DE SERVIÇO

— FELIZ DIA DA MÃE.
— OBRIGADA.

— O QUE É QUE É O DIA DA MÃE, AFINAL?
— O QUE É QUE É?? UM DIA EM QUE AS MAMÃS RECEBEM UM TRATAMENTO ESPECIAL.

— TIPO O QUÊ?
— IMENSA COISA.

— OUTRA PESSOA É QUE COZINHA, OUTRA PESSOA É QUE LIMPA A CASA, OUTRA PESSOA É QUE TOMA CONTA DOS FILHOS...

— BASICAMENTE, É UM DIA EM QUE AS MÃES PODEM DESCONTRAIR E DEIXAR O TRABALHO PARA OUTRA PESSOA!
— AAAAHH... AGORA JÁ PERCEBI...

— ...HÁ UM DIA DA MÃE, E OS OUTROS TODOS SÃO DIAS DO PAI.
— EXACTAMENTE.
— O QUÊ??

PAPÁ! ESPERA! NÃO LEVES O LIXO!
PORQUE NÃO?
O MEU URSINHO AMARELO CAIU AÍ! UAAAAA! NUNCA MAIS O VOU VER!
ACALMA-TE LÁ... VAMOS DAR UMA OLHADA...
O MEU POBRE URSINHO! COMO É QUE PUDE PERDÊ-LO ASSIM?
NÃO TE PREOCUPES, ZOE... O PAPÁ VAI >IÛC!< ENCONTRAR-TE O URSINHO NEM QUE >UGH< TENHA DE REMEXER ESTE >NOJO!< TODO...
AH, ESPERA! AFINAL, TINHA-O NO BOLSO! ESQUECE!
KIRKMAN & SCOTT

OOF!
ERF!
E PRONTO...
SUSPRO! IÚP.
TRAZ UMAS QUANTAS RECORDAÇÕES, NÃO TRAZ?
PODES CRER!
KIRKMAN & SCOTT
ENFIM, DE VOLTA À REALIDADE...
HÁ QUEM FIQUE NOSTÁLGICO A VER FILMES... NÓS SIMPLESMENTE VISITAMOS O SÍTIO LIMPO DA CARPETE.

OLÁ, QUERIDA. ESTAVA A LIGAR SÓ PARA SABER O QUE VOCÊS ESTÃO A FAZER HOJE.
BEM, NESTE MOMENTO, EU E A ZOE ESTAMOS A REGAR AS ERVAS DANINHAS E A ARRANCAR AS FLORES.
AH! AH! QUERES TU DIZER, A ARRANCAR AS ERVAS DANINHAS E A REGAR AS FLORES?...
QUEM ME DERA.
E ESTA, É UMA ERVA DANINHA, OU UMA FLOR?
KIRKMAN & SCOTT

ZOE, DÁS-ME AQUELE PAPEL QUE ESTÁ ALI NO MEIO DO CHÃO?

E JÁ AGORA, OS PAPÉIS DOS VOSSOS GELADOS.

E QUANDO ACABAREM, TRAGAM-ME OS PAUZINHOS DOS GELADOS E OS GUARDANAPOS, TÁ BEM?

PORQUE SERÁ QUE OS PAIS GOSTAM TANTO DE LIXO?

É CLARO...

SÃO HORAS DE LAVAR A LOIÇA, HORAS DE LAVAR UMA MÁQUINA DE ROUPA, HORAS DE DAR BANHO AOS MIÚDOS, HORAS DE FAZER COMPRAS, HORAS DE VERIFICAR A CONTA DO BANCO, HORAS DE LAVAR O CARRO, HORAS DE ASPIRAR A CASA...

NUNCA PERGUNTAR A UMA MÃE ATAREFADA QUE HORAS SÃO...

HORAS PARA TUDO MENOS PARA MIM!

MAMÃ, POSSO COMER UMA BARRINHA DE GELADO?

CLARO.

OH-OH... JÁ SÓ HÁ UMA.

VOU PARTI-LA AO MEIO, PARA O CASO DE O HAMMIE TAMBÉM QUERER, QUANDO ACORDAR DA SESTA.

SÓ O MEU IRMÃOZINHO É QUE ME PODIA ESTRAGAR UM MOMENTO BOM, MESMO A DORMIR!

BABY BLUES
by Rick Kirkman / Jerry Scott

— Mamã, podemos fazer um clube secreto?
— Acho que sim... é claro!

— A primeira coisa de que um clube secreto precisa é de uma sede secreta!
— Boa, mamã! Uau!

— Oooh! Fixe! Ena!
— Acho que precisamos de uma tabuleta para a parte da frente.

— ...Dobramos esta ponta aqui, e... presto!
— Cha-péus!

— Abram! Tenho aqui um lanchinho secreto!

— Agora só falta escrever o regulamento do clube. Alguém tem alguma ideia?
— Eu sei uma!

— É proibido crescidos.

— EU NÃO SEI PINTAR.	— PINTA UM COWBOY.

AAAGH! ESTE COWBOY ESTÁ PÉSSIMO!

É MAU! É ESTÚPIDO! É O PIOR DESENHO QUE EU JÁ PINTEI, E A CULPA É TUA!
RIP! SPLAT!

— E AGORA, O QUE É QUE EU PINTO? — TUDO, MENOS UM COWBOY.

— HOJE UM MIÚDO CHAMADO MATTHEW DISSE QUE A MÃE DELE É MAIS BONITA DO QUE A MINHA MÃE. — E TU O QUE É QUE DISSESTE?

— DISSE QUE NÃO ERA NADA, E ELE DISSE QUE ERA SIM.

— E EU DISSE NÃO É NADA, E ELE DISSE, É SIM, E EU DISSE, NÃO É NADA, E ELE DISSE, É SIM, E EU DISSE NÃO É NADA, E DEI-LHE UM MURRO NA BARRIGA.

— NÃO GOSTO DE DISCUSSÕES COMPRIDAS.

Painel 1: ONDE É QUE É O MEIO DO NADA? QUEM É QUE INVENTOU A PASTA DOS DENTES? DE QUE É QUE É FEITA A ALCATIFA? COMO É QUE O SOM SAI DO RÁDIO? OS PEIXES SORRIEM? QUANTAS PÁGINAS TEM UM LIVRO? PORQUE É QUE OS GORILAS NÃO USAM JÓIAS?

Painel 2: QUE É QUE QUER DIZER O «T» DE «T-SHIRT»? COMO É QUE METEM AS MINAS NOS LÁPIS? DONDE É QUE VEM A PASTILHA ELÁSTICA? UM COMPUTADOR É MAIS INTELIGENTE DO QUE UM TELEFONE? AS GALINHAS CANTAM?

O Verão para as Mulheres
PRECISO DE RECUPERAR A LINHA, PARA CABER NO FATO DE BANHO VELHO!

O Verão para os Homens
PRECISO DE COMPRAR UM FATO DE BANHO MAIOR.

O Verão para os Miúdos
PORQUE É QUE TEMOS DE USAR FATO DE BANHO?

OLHEM, MENINOS! O PAPÁ COMPROU--VOS UMA CASA DE BONECAS NOVA!
CASA DE BONECAS?? PARECE MAIS UMA CASOTA DO CÃO!
EU NÃO TENHO CÃO! O QUE É QUE EU HEI-DE FAZER COM UMA CASOTA DE CÃO!?
KIRKMAN & SCOTT

VAMOS EXPERIMENTAR ESTE TAMANHO...
ISSO NÃO É A CAMISOLA VELHA DA ZOE?
ERA... MAS ESTÁ-LHE PEQUENA.
MAS FICA GRANDE AO HAMMIE, NÃO FICA?
É, MAS ACHO QUE SERVE, SE LHE ENROLAR AS MANGAS.
BEM, PELO MENOS SE CAIR, NÃO SE MAGOA.
KIRKMAN & SCOTT

BABY BLUES®
BY RICK KIRKMAN / JERRY SCOTT
UH-OH.
AT-CHUUM!
NÃO!!
PAREM! XÔ! VÃO-SE EMBORA!
PCHHHT! PCHHHT! PCHHHT!
TRÁS!
GLUP!
GRUMPF!
AT-CHIIIM!
KIRKMAN & SCOTT
HMM... DIZ AQUI QUE ESTE ANO, A ÉPOCA DAS CONSTIPAÇÕES DE VERÃO VEM MAIS CEDO.
E MAIS À TRAIÇÃO...
ATCHIIM!
ATCHIM!

O QUE É QUE É ISTO, PAPÁ?
É A MINHA RAQUETE VELHA.
COMO É QUE SE JOGA?
DÁ CÁ QUE EU MOSTRO-TE.
É UM JOGO EM QUE SE DÁ ASSIM NUMA BOLINHA DE BORR...
AU!!
DIGAMOS QUE FOI ALGO QUE EU JÁ FIZ, MAS JÁ NÃO FAÇO.
AH, TIPO O JOGGING E AS FLEXÕES, É?
KIRKMAN & SCOTT

ISTO É RIDÍCULO!
EU SEI QUE AINDA ONTEM ABRI UM...
KIRKMAN & SCOTT
ALGUÉM SABE O QUE É QUE ACONTECEU AO BLOCO DE...
NOTAS?
SE AS FOLHAS FOREM AMARELAS E PEGAJOSAS, POSSO TÊ-LO VISTO.

PONTAPÉ!
TUMBA!
TUNGTUNGTUNG-TUNGTUNGA
OK... SE CALHAR É MELHOR IR EU PARA A BALIZA.
KIRKMAN & SCOTT

FIXE! PARECES MESMO UM APANHADOR A SÉRIO, HAMMIE!
OK, AQUI VAI O LANÇAMENTO! ESTÁS PRONTO?
EU DISSE, ESTÁS PRONTO?
P'ONTO!
KIRKMAN & SCOTT

EH PÁ!
GLUP! HAMMIE!
VAI SER UM DIA BOM!
ZOE, O HAMMIE DECAPITOU-TE AS BONECAS, ENTORNOU-TE SUMO DE UVA NA CARPETE, E RASGOU-TE OS LIVROS DE COLORIR! COMO É QUE VAI SER UM DIA BOM?
É UM DIA BOM PARA ACERTAR CONTAS.
MAMÃ!
KIRKMAN & SCOTT

NÃO! NÃO! NÃO!
NÃO É JUSTO! PORQUÊ EU?
UAAAAAAAAAAA!
ESQUECI-ME... O QUE É QUE TU ME DISSESTE PARA FAZER?
KIRKMAN & SCOTT

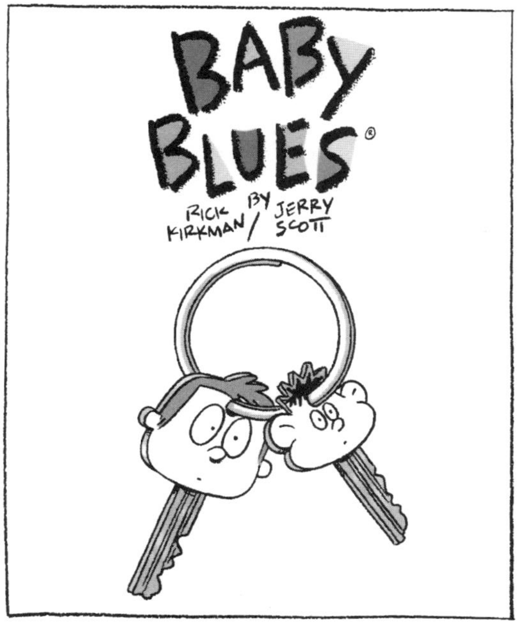
BABY BLUES®
RICK KIRKMAN / BY JERRY SCOTT

TCHECA TCHECA TCHECA...
PAPÁ! PAPÁ! PAPÁ! PAPÁ! VAIS ÀS COMPRAS?
SE VAIS ÀS COMPRAS, TRAZES-ME DOCES?
E O HAMMIE QUER UM CAMIÃO NOVO.
DOCES E UM BRINQUEDO, TÁ BEM?
CAMIÃO!
E TRAZ-ME UMA BONECA.
UMA BONECA LOURA DAS GRANDES.
JÁ DISSE, «CAMIÃO»!
CAMIÃO!
UMA BONECA, OU UMA CAIXA DE LÁPIS DE COR DAS GRANDES...
AGUEN-TEM AÍ!
EU NÃO VOU ÀS COMPRAS... ESTOU SÓ A ARRUMAR AS CHAVES DO CARRO!
AH.
OS CRESCIDOS NÃO DEVIAM FAZER TCHECA-TCHECA COM AS CHAVES, A NÃO SER QUANDO VÃO ÀS COMPRAS.
POIS É.
KIRKMAN & SCOTT

OH, TÃO QUERIDO! TENHO DE FAZER UMA ANOTAÇÃO NO «LIVRO DO BEBÉ» DO HAMMIE!!
QUER DIZER, FARIA, SE ME LEMBRASSE ONDE O PUS. E SE CONSEGUISSE ENCONTRAR UMA CANETA. E SE A CANETA TIVESSE TINTA. E SE DISPUSESSE DE TRINTA SEGUNDOS PARA ESCREVER UMA FRASE COMPLETA...
SUSPIRO! AS PÁGINAS DO LIVRO DO BEBÉ DO SEGUNDO FILHO ESTÃO CHEIAS DE BOAS INTENÇÕES.
KIRKMAN & SCOTT

ZOE! HAMMIE! LAVAR AS MÃOS ANTES DE JANTAR!
E DESTA VEZ, COM SABÃO!
AGORA SENTEM-SE DIREITOS E COMAM OS LEGUMES!
NÃO FALEM COM A BOCA CHEIA!
LIMPEM-SE AO GUARDANAPO!
KIRKMAN & SCOTT
PRONTO, MAMÃ. AGORA PODES DESCANSAR O RESTO DA NOITE.
QUE ENGRAÇADINHA.
IH! IH! IH!

VEJO FRANCESAS! VEJO SUECAS! VEJO O HAMMIE DE CUECAS!
AH! AH! AH! AH! AH! AH! AH! AH! AH! AH! AH!
OK.
ESTA CANÇÃO TEM MUITO MAIS PIADA SE A PESSOA COM QUEM SE GOZA NÃO USAR FRALDAS.
KIRKMAN & SCOTT

ESTOU CHATEADA.
NÃO É POSSÍVEL ESTAR MAIS CHATEADA DO QUE EU ESTOU AGORA!
CHATEADA! CHATEADA! CHATEADA! CHATEADA!
A NÃO SER QUE EU FOSSE TU.
OBRIGADINHA.

ISSO SÃO AS FOTOS QUE EU TIREI A TI E AOS MIÚDOS?
SÃO. VOU PÔR AS MELHORES NO ÁLBUM.
ESTA É A MINHA PREFERIDA.
O QUÊ?? PORQUÊ?
OS MIÚDOS ESTÃO DE OLHOS FECHADOS, A TUA CARA ESTÁ DESFOCADA, E O HAMMIE TEM A MÃO DENTRO DAS CALÇAS!
TANTAS FOTOS, PORQUE É QUE HAVIAS DE ESCOLHER ESTA?
FEZ-ME O RABO PEQUENO.

NÃO POSSO CRER!
DESCULPA LÁ, PAPÁ.
DOIS MINUTOS POR MAU COMPORTAMENTO... DOIS MINUTOS POR GRITARES... TRÊS MINUTOS POR ANDARES À BULHA... DOIS MINUTOS POR PASSARES RASTEIRAS...
ZOE, EU NEM SABIA QUE A ESCOLA TINHA UM CANTO DE CASTIGOS!
ESTÁS A BRINCAR? ELES ESTÃO A PENSAR PÔR-LHE O NOME DA ZOE!

BABY BLUES®
BY
RICK KIRKMAN / JERRY SCOTT

O QUE É QUE É ISTO?
TOMA, PAPÁ.
AH, UM CARTÃO. QUE BONITO, ZOE.
ESTÁ ALI A NOSSA CASA... E A ÁRVORE DA FRENTE... E AQUI, PARECE A MAMÃ, O HAMMIE E EU DE MÃOS DADAS, CERTO?
CERTO.
AH! E TAMBÉM ESTÁ ESCRITO POR DENTRO! «FELIZ DIA DO PAI, PAPÁ!»
MAS O DIA DO PAI É NO PRÓXIMO SÁBADO.
SIM, MAS EU PROVAVELMENTE VOU-ME DESCAIR E DIZER-TE O QUE É O TEU PRESENTE, ANTES, E ENTÃO É MELHOR RECEBERES TAMBÉM JÁ O CARTÃO.
KIRKMAN & SCOTT

Painel 1: MAMÃ! MAMÃ! MAMÃ! MAMÃ! ADIVINHA LÁ!

Painel 2: O HAMMIE DEIXOU CAIR O CAMIÃO, E DOBROU-SE À MINHA FRENTE PARA O APANHAR, E EU NÃO LHE DEI UM PONTAPÉ NO RABO!

Painel 3: (sem texto)

Painel 4: É DIFÍCIL FICAR BEM VISTO, CÁ EM CASA! — BEM-VINDA AO CLUBE.

Painel 5: O HAMMIE MORDEU-ME NO LÁBIO! — O QUÊ?!

Painel 6: NÃO SE MORDE, MENINO! AGORA VAIS-TE SENTAR AÍ, E PENSAR NO QUE FIZESTE À TUA IRMÃ!

Painel 7: NEM ACREDITO QUE O HAMMIE TE MORDEU O LÁBIO SEM MAIS NEM MENOS! — NEM EU!

Painel 8: ATÉ PARECE QUE NUNCA LHE TINHAM LAMBIDO O NARIZ!

Painel 9: TENHO GRANDES NOTÍCIAS! — AI É, QUAIS SÃO?

Painel 10: ISTO É FANTÁSTICO! DEVE SER A MELHOR COISA QUE JÁ ME ACONTECEU! — O QUE FOI?? DESEMBUCHA LÁ!!

Painel 11: A MAMÃ APANHOU O HAMMIE A ESCREVER NA CARPETE COM O MARCADOR VERMELHO, E ESTÁ FURIOSA!

Painel 12: «VAMOS TER DOIS FILHOS,» DISSE ELA. «ELES VÃO DAR-SE BEM!» — SE ELE LEVAR UMA SOVA, POSSO VER?

ZOE! O QUE É QUE ESTÁS A FAZER?
VOU LEVAR UMA HORA A DESENSARILHAR ESSES ATACADORES HOJE À NOITE!
ÓPTIMO.
CADA HORA QUE LEVA A DESPIR-ME É MAIS UMA HORA QUE FICO A PÉ.
KIRKMAN & SCOTT

CHHH! O MEU PAI ESTÁ A VER TELEVISÃO!
COMO É QUE SABES?
PORQUE É ASSIM QUE ELE FICA QUANDO ESTÁ A VER TELEVISÃO.
O MEU É IGUAL, SÓ QUE COM A CABEÇA DESCAÍDA.
GZZZC!
KIRKMAN & SCOTT

TRRIM TRRIM TRRIM
EU VOU!
TÁ LÁ? É DE CASA DOS MACPHERSON. FALA A ZOE. QUEM FALA? OBRIGADO POR LIGAR. ADEUS!
BOM ESFORÇO, MAS DEVIAS DEIXAR A OUTRA PESSOA FALAR, ENTRE OS «TÁ LÁ?» E OS «OBRIGADO POR LIGAR»...
AH, POIS.
TRRIM TRRIM TRRIM
KIRKMAN & SCOTT

BABY BLUES®
BY
RICK KIRKMAN / JERRY SCOTT

FELIZ DIA DO PAI!
UAU! O QUE É ISTO TUDO?
FIZEMOS-TE TORRADAS FRIAS, E CAFÉ FRACO.
AH, QUE BOM!
E A SEGUIR A ABRIRES OS PRESENTES, ÍAMOS DESAPARECER UM BOCADO, DEIXANDO-TE A LIMPAR A CONFUSÃO INCRÍVEL QUE ARMÁ-MOS NA COZINHA.
HUH?
DEPOIS, ÍAMOS-TE ESPETAR UMA FLOR HORRÍVEL NA LAPELA, PARA IRMOS ALMOÇAR A UM HOTEL IMPESSOAL, ONDE A COMIDA NÃO ERA NADINHA DE ESPECIAL, MAIS PARECIA DO REFEITÓRIO DUMA PRISÃO.
ISTO ESTÁ-SE A PARECER À BRAVA COM O QUE FIZEMOS NO DIA DA MÃE.
BINGO!
VESTE-TE! VAMOS EMBORA!
ICHO!
KIRKMAN & SCOTT

Painel 1:
— Não te esqueças que a cerimónia de fim de curso da Zoe, no jardim-escola, é amanhã.
— «Cerimónia» de fim de curso? No jardim-escola?

Painel 2:
— É claro! É à séria... com chapéus e túnicas... pompa e circunstância... tudo!

Painel 3:
— No jardim-escola??
— Dizem que o orador principal é o Barney, o dinossauro!

Painel 4:
— Não é incrível?
— É, é giro.

Painel 5:
— Giro?! É um marco na vida da tua filha!

Painel 6:
— Esta cerimónia marca o início da transição da nossa filha duma pequenina para uma jovem educada!

Painel 7:
— Onde é que ela está? Quero-lhe tirar mais uma foto!
— Terceira a contar da esquerda... é a jovem educada que está a mexer nas cuecas.

Painel 8:
— ...e nesta ocasião memorável, ocorre-me a fábula do menino e da sua galinha, que...

Painel 9:
— ...que faríamos bem em recordar as palavras do poeta que tão eloquentemente...
SLAP!

Painel 10:
— ...como membro da direcção, tive a oportunidade de conhecer alguns alunos, e...

Painel 11:
— Não é a cerimónia de graduação mais excitante que já viste?
— Papel, lápis e tesouras representam muito mais do que...
— Teve os seus momentos.

Painel 1:
— NÃO TENHAS VERGONHA, ZOE, AVANÇA SEM MEDO E VAI BUSCAR O TEU DIPLOMA!

Painel 2:
NÃO TENHAS VERGONHA... NÃO TENHAS VERGONHA... NÃO TENHAS VERGONHA...

Painel 3:
— OLÁ, MAMÃ! OLÁ, PAPÁ!

Painel 4:
— BEM, PELO MENOS NÃO TEVE VERGONHA...

Painel 5:
— ISTO VAI SER FIXE! DISSE À ZOE PARA ATIRAR O CHAPÉU AO AR...

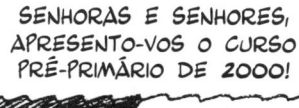

Painel 6:
— SENHORAS E SENHORES, APRESENTO-VOS O CURSO PRÉ-PRIMÁRIO DE 2000!
— ORA AÍ ESTÁ!

Painel 7:
— AU! EI! UAAAAA!
— A ZOE ATIROU-ME COM O CHAPÉU! MAMÃ!

Painel 8:
ZOE MACPHERSON FICARÁ DEPOIS DO FIM DA CERIMÓNIA, PARA AJUDAR A APANHAR O LIXO...
— OBRIGADINHO, PAPÁ!
— BEM, NO LICEU, ERA ASSIM QUE SE FAZIA...

Painel 9:
— ENTÃO, ESTÁS CONTENTE POR TERES ACABADO O JARDIM-ESCOLA, ZOE?
— HUM-HUM.

Painel 10:
— ESTAVA A FICAR CANSADA DAS COISAS TODAS QUE TINHA DE FAZER, COMO OUVIR A PROFESSORA, FAZER TPC, E FICAR CALADA.

Painel 11:
— ESTOU ANSIOSA POR COMEÇAR A ESCOLA, PARA VARIAR.
— É. E A SEGUIR, DEPOIS DE CRESCERES, ARRANJARES EMPREGO E CASARES, VAIS VER COMO A VIDA É FÁCIL!

102

BABY BLUES
Rick Kirkman / by Jerry Scott

- Vou à garagem buscar uma chave de parafusos.
- Tá.
- Limpa! Limpa! Limpa!
- Uma chave de parafusos.
- Os meus filhos... objectos do meu afecto, destruidores da minha memória de curto prazo...

Painel 1: HAMMIE, FICAS AO PÉ DA MANA, QUE É MAIS VELHA E TEM MAIS JUÍZO, E SÓ TENS DE LHE SEGUIR O EXEMPLO.

Painel 3: OUVISTE BEM, Ó...?
TUNGA!

Painel 4: SPOING!
EU ACHO QUE ELES QUEREM QUE EU PREENCHA ISTO COM O NÚMERO EXACTO DE CRIANÇAS DA CASA... "DEMASIADOS #@!%✱!!" NÃO CABEM NOS ESPAÇOS.

Painel 5: EU SOU A PRINCESA MAIOR-MANDA-CHUVA-CHEFE-MAIS-IMPORTANTE-DO-MUNDO!
NHAC NHAC

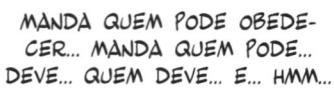

Painel 6: MANDA QUEM PODE OBEDECER... MANDA QUEM PODE... DEVE... QUEM DEVE... E... HMM...

Painel 7: PASSA PARA CÁ A BOLACHA!
DZUM!

Painel 8: EU GOSTO DE MANDAR, NÃO GOSTO É DE FALAR NISSO.

PAPÁ?
PAPÁ?
PAPÁ?
PAPÁ?
PAPÁ?
PAPÁ?
PAPÁ?
PAPÁ?
É MELHOR QUE SEJA IMPORTANTE...
ADIVINHA O QUE O HAMMIE COMEU!
KIRKMAN & SCOTT

COZINHAR! LIMPAR! MUDAR FRALDAS!
É PARA ISSO QUE EU CÁ ESTOU?
CHIM.
NÃO RESPONDAS NUNCA ÀS PERGUNTAS RETÓRI-CAS DA MAMÃ.
KIRKMAN & SCOTT

GLUG! GLUG! GLUG! GLUG!
LINDO MENINO! VEM DAR UM ABRACINHO À MAMÃ!
BUURRP!
NÃO HÁ MAIS GASOSA PARA O HAMMIE.
KIRKMAN & SCOTT

BABY BLUES

by Rick Kirkman / Jerry Scott

— ZOE! ESTÁ NA HORA DO TEU BANHO!

— MAMÃ... PAPÁ... EU AGORA SOU UMA MENINA CRESCIDA. QUERO TOMAR UM DUCHE, E NÃO UM BANHO... E QUERIA PRIVACIDADE, TÁ?
— HMM... OK... COMO QUEIRAS...

— ELA TEM RAZÃO! JÁ NÃO É NENHUM BEBÉ!
— A NOSSA MENINA ESTÁ A CRESCER!

— ISTO É MAIS DIFÍCIL DO QUE EU PENSEI QUE SERIA!
— EU SEI, TEMOS DE APRENDER A RESPEITAR A PRIVACIDADE DE QUE ELA NECESSITA!

BUU-UUU-UUU BUU-UUU!

— PRONTO, JÁ ME PODEM SECAR!

106

107

PAPÁ, CONTA-NOS UMA HISTÓRIA DE QUANDO ERAS PEQUENINO.
MUITO BEM... DEIXA VER...
MAIS TARDE...
...E É POR ISSO QUE EU NUNCA MAIS VOLTEI A PISAR NUM FORMIGUEIRO DE PROPÓSITO!
GOSTARAM?
SIM...
AGORA CONTA-NOS UMA HISTÓRIA INTERESSANTE DE QUANDO ERAS PEQUENINO.
POIS!...
KIRKMAN & SCOTT

OLHA, PAPÁ! FIZ UMA TATUAGEM!!
MUITO GIRA... MAS ONDE É QUE ESTÁ O RESTO!?
TA-TAA!
AS GRANDES ESTAVAM EM SALDO!
KIRKMAN & SCOTT

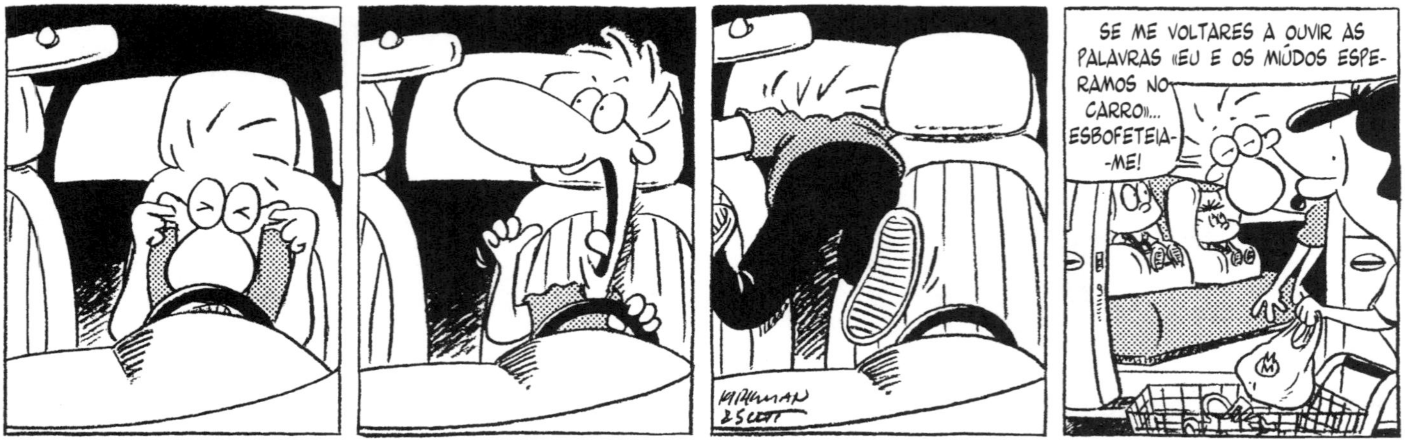
SE ME VOLTARES A OUVIR AS PALAVRAS «EU E OS MIÚDOS ESPERAMOS NO CARRO»... ESBOFETEIA-ME!
KIRKMAN & SCOTT

BABY BLUES®
RICK KIRKMAN / BY JERRY SCOTT

WANDA, SABES DA CALCULADORA?
BEM, SEI ONDE DEVIA ESTAR...
MAS SE LÁ ESTIVESSE, ISSO QUERIA DIZER QUE ALGUÉM A TERIA POSTO NO SÍTIO DEPOIS DE A USAR.
É QUE, APESAR DE A CALCULADORA SE GUARDAR NA GAVETA HÁ SEIS ANOS, PARECE QUE EU SOU A ÚNICA QUE SEI DISSO!
MAS MESMO QUE, POR UM MILAGRE, ELA TENHA SIDO ARRUMADA, AS PILHAS ESTARÃO GASTAS, E SER-ME-Á PERGUNTADO ONDE ESTÃO AS NOVAS, ALTURA EM QUE DESCOBRIREI QUE ALGUÉM USOU A ÚLTIMA, DEIXANDO A EMBALAGEM VAZIA NO ARMÁRIO, EM VEZ DE ME PEDIR PARA COMPRAR MAIS, PORQUE EU NÃO TENHO MAIS NADA QUE FAZER SENÃO METER-ME NO CARRO PARA IR FAZER COMPRINHAS...
DESCULPA LÁ... QUAL ERA A PERGUNTA?
HMM... ESQUECE. EU CONTO PELOS DEDOS.

NÃO SE ESQUEÇAM DO QUE EU DISSE... PODEM ESCOLHER UM VÍDEO PARA ALUGAR.
ALUGUER
ISSO QUER DIZER QUE VÃO TER DE COOPERAR E ESCOLHER UM FILME QUE AMBOS QUEIRAM VER.
NÃO VOU SAIR DAQUI COM UMA PILHA DE FILMES, COMO DA ÚLTIMA VEZ!
COMÉDIA
SUSPIRO!
ALUGUE HOJE, TRAGA DAQUI A 3 DIAS!
KIRKMAN & SCOTT

VAMOS ESCLARECER UMA COISA... EU NÃO VOS VOU COMPRAR GULOSEIMAS.
MEGAMAR
TÁ.
ESTOU A FALAR A SÉRIO.
EU SEI.
VIEMOS AO HIPER SÓ PARA COMPRAR UMA SALADA E UM QUEIJO. PERCEBERAM?
SIM.
NÃO SEI O QUE É PIOR... SUSPEITAR QUE SE É UM BANANAS...
OU PROVÁ-LO PARA ALÉM DE QUALQUER DÚVIDA!
CHLEP! CHLEP!
MMM!
KIRKMAN & SCOTT

DARRYL, PEÇO-TE PARA IRES ALUGAR UM VÍDEO COM OS MIÚDOS, E APARECES-ME COM SETE!
DEPOIS MANDO-TE AO HIPERMERCADO COMPRAR SALADA E VOLTAS COM UM SACO CHEIO DE DOCES!
KIRKMAN & SCOTT
PARECE-ME BEM QUE NÃO ÉS CAPAZ DE DIZER NÃO AOS MIÚDOS!
SOU, SIM!
MAIS TARDE...
TOYCO
PODEMOS IR PARA CASA, MOSTRAR À MAMÃ O QUE TU NOS COMPRASTE DESTA VEZ?
NÃO.

...PASSA POR TODOS E ATINGE A LINHA DE MEIO-CAMPO!
PODEMOS MUDAR DE CANAL?
KIRKMAN & SCOTT

PARAR... MANTER O CONTROLO... RELAXAR...
NÃO DIZER... NÃO DIZER... NÃO DI...
SE NÃO PARARES DE TROCAR OS OLHOS, VÃO FICAR ASSIM PARA SEMPRE!!
VÊS? EU DISSE-TE QUE CONSEGUIA FAZER A MAMÃ FALAR COMO A AVÓ!
GRRUMPF!
FIXE!
KIRKMAN & SCOTT

MUITO BEM, ENTÃO EU ESTOU A COMEÇAR A REPETIR AS COISAS QUE A MINHA MÃE ME DIZIA.
E DEPOIS?
QUER DIZER, ISSO SERÁ ASSIM TÃO MAU? ATÉ É UM BOM CONSELHO!
POUSA O PAU, ANTES QUE ARRANQUES O OLHO A ALGUÉM!!
DESDE QUE EU NÃO COMECE A SOAR IGUAL A ELA...
UAU! GRANDE IMITAÇÃO DA TUA MÃE!
KIRKMAN & SCOTT

BABY BLUES®
RICK KIRKMAN / JERRY SCOTT

FIQUEM QUIETOS... TÊM A CARA CHEIA DE GELADO.
PRONTO... JÁ PASSOU...
AU! AU! AU! AU! AU!
BUUU-UUUU! ELES NÃO ME DEIXAM ENTRAR!
ANDA!
SNIF! OK!
DARRYL MACPHERSON... PAI, CONSELHEIRO, CURANDEIRO, LENÇO DE ASSOAR.
KIRKMAN & SCOTT

HMMMM...
PSST! HAMMIE! A MAMÃ QUER SABER SE QUERES TOMAR UM BANHINHO QUENTE AGORA.
CHUUUF! CHUUUF!
CHUUUF!
DESCOBRI FINALMENTE PARA QUE É QUE OS IRMÃOS SERVEM!
KIRKMAN & SCOTT

OLÁ, MAMÃ! COMO É QUE ESTÁS TU? TÁS COM BOM AR.
KIRKMAN & SCOTT
ESTAVA A PENSAR PARTILHAR O MEU URSINHO COM O HAMMIE.
TÃO QUERIDA.

KIRKMAN & SCOTT
PENSAVA QUE TÍNHAMOS ACORDADO NÃO DAR AÇÚCAR AOS MIÚDOS, DE TARDE.
COMO É QUE DESCOBRISTE?

PAPÁ! ONDE É QUE VAIS?
VOU À CAIXA DO CORREIO.
TAMBÉM PODEMOS IR? PODEMOS? PODEMOS? POR FAVOR!
POR FAVOR?
TÁ, TÁ BEM. CLARO... VENHAM.
O QUÊ, VAMOS A PÉ?
KIRKMAN & SCOTT

KIRKMAN & SCOTT
NEM SONHES.

UFFFF!! ESTÁ UM FORNO!
É MELHOR PORES ISTO NA CABEÇA.
PENSANDO MELHOR, VAMOS PÔR ECRÃ SOLAR.
KIRKMAN & SCOTT

BABY BLUES®
BY
RICK KIRKMAN / JERRY SCOTT

OK.
CHLOF!
TELEFONE.
KIRKMAN&SCOTT

DING-A-LING-A-LING
OH NÃO.
PUM!
DARRYL! VAI DIZER AOS MIÚDOS QUE ESTÁ A PASSAR A CARRINHA DOS GELADOS!
ELES SABEM.
KIRKMAN & SCOTT
VEM, PAPÁ! DESPA-CHA-TE!
OK! OK! JÁ VOU!
DEPECHA!
KIRKMAN & SCOTT
A CARRINHA DOS GELADOS A PARAR À NOSSA PORTA... PAIS A LEVAR OS FILHOS PELO PASSEIO FORA... É IGUALZINHO A QUANDO EU ERA MIÚDO.
SÃO 12,75 EUR.
...SÓ QUE DIFERENTE.
ATENÇÃO – CRIANÇAS
CHA-CHING!
ATENÇÃO – CRIANÇAS
AAAGGHH!
PLOP!
TUDO BEM! EU SOPRO! PFF! PFFF! PRONTINHO! ESTÁ COMO NOVO!
A 4,25 EUR CADA GELADO, OS MICRÓBIOS NÃO FICAM AGARRADOS.
E OS MICRÓBIOS?
KIRKMAN & SCOTT

PAGASTE QUANTO PELOS GELADOS?
O QUE É QUE EU HAVIA DE FAZER?
EU COMPRAVA CINCO LITROS DE GELADO COM O QUE TU DESTE POR TRÊS MÍSEROS GELADOS!
POIS, MAS OLHA, HOJE EM DIA É TUDO CARO.
ÉS CAPAZ DE TER RAZÃO...
A ÚNICA COISA BARATA, HOJE EM DIA, SOU EU.
KIRKMAN & SCOTT

EI, MENINOS! COMPREI-VOS DUAS CAIXAS DE LÁPIS DE CERA!
UAU!
E VEJAM... CAIXAS IGUAIS... CORES IGUAIS... TUDO IGUAL.
FIZ QUESTÃO DE QUE FOSSE TUDO IGUAL, QUE É PARA NÃO HAVER BULHAS.
OS MEUS SÃO MELHORES QUE OS TEUS.
UAAA!
KIRKMAN & SCOTT

OLHA, MAMÃ! O PAPÁ COMPROU-NOS LÁPIS DE CERA NOVOS!
NÓS ADORAMOS OS NOSSOS LÁPIS NOVOS! OBRIGADO, PAPÁ! OBRIGADO! OBRIGADO! OBRIGADO!
CRIANÇAS! PRECISAM DE TÃO POUCO PARA FICAREM FELIZES!
MUITO BEM, O QUE É QUE NOS COMPRASTE MAIS?
KIRKMAN & SCOTT

BABY BLUES
by Rick Kirkman / Jerry Scott

ZOE! HAMMIE!

MENINOS?

ZO-O-O-EE! HAM-M-M-I-EE! ESTOU A CHAMAR-VOS!!

A-HA!

OH.

Andas à procura dos miúdos?

Ando. E não os consigo encontrar em parte nenhuma.

Observa...

Olá, mamã. Olá, papá.

TCHIC!

Como é que fizeste aquilo?

Ao fim de 4 anos em casa com os filhos, aprende-se qualquer coisa...

BABY BLUES®
BY RICK KIRKMAN / JERRY SCOTT
BEBÊ... BEBÊ...
SÓ UM MINUTO, QUERIDO.
BEBÊ?
ANDA CÁ, QUE EU DOU-TE.
TCHAC!
OOPS!
CONC!
CLANC!
TUNGA!
BONC!
CHLOF!
CHLOF!
CHLOF!
KIRKMAN & SCOTT
GLUG! GLUG!
GLUG!
PEGA, HAMMIE!
'BIGADO!
ADORO AJUDAR!

ARANHA!
TCHAC! TCHAC! TCHAC! TCHAC! TCHAC!
ACHO QUE VOU COMEÇAR A CHAMAR-TE «ARANHA»...
NÃÃÃÃO!
KIRKMAN & SCOTT

GAITA! DEIXARAM DE PRODUZIR SCOTCH-GARD!
SCOTCH-GARD?
ISSO É AQUELE SPRAY QUE SE PASSA NOS MÓVEIS E NOS TECIDOS, PARA NÃO DEIXAR CAIR NÓDOAS?
NAÃÃÃÃÃÃÃOO!!
KIRKMAN & SCOTT

O QUE É QUE LHES DEU, PARA DEIXAREM DE FAZER SCOTCH-GARD?
DIZ QUE É MAU PARA O AMBIENTE.
MAS...
O QUE É QUE PREFERES, WANDA? UM PRODUTO MENOS PERIGOSO, OU UM SOFÁ COM MENOS NÓDOAS?
BEM, SE PÕES ASSIM A QUESTÃO, QUER DIZER... SABES... PARECE-ME Q... SUPONHO QUE... HEIN...
KIRKMAN & SCOTT
ENTÃO?...
ESTOU A PENSAR!!

KIRKMAN & SCOTT
ARRUMAR O QUÊ?

BABY BLUES®
BY RICK KIRKMAN / JERRY SCOTT

DARRYL, O HAMMIE ACORDOU DA SESTA, E QUER BRINCAR NA PISCINA.
OK, EU TOMO CONTA.
BRRRMM-CHU-KNK!
OS CALÇÕES DE BANHO DELE ESTÃO NA CASA DE BANHO, NO VARÃO!
JÁ VI!
NÃO TE ESQUEÇAS DE LHE TIRAR AS FRALDAS, PRIMEIRO!
JÁ TÁ!
PÕE-LHE PROTECTOR SOLAR.
ESTÁ!
ZIP!
TUMBA!
TRUC!
AH, E COMO ACABEI DE CORTAR A RELVA, DEIXA O PROTECTOR SECAR ANTES DE ELE SAIR.
OOPS.
PFFFT!
KIRKMAN & SCOTT

BABY BLUES
by Rick Kirkman / Jerry Scott

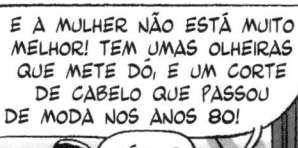

Não olhes agora, mas tens de ver aquela família ali!

Onde?

Só os vi de relance, mas tinham cá um ar de campónios!

Chhh! Ainda te ouvem!

Até às 18h

O tipo deve ter a minha idade, mas tem ar de não fazer exercício há 5 anos...

É?

E a mulher não está muito melhor! Tem umas olheiras que mete dó, e um corte de cabelo que passou de moda nos anos 80!

Sério?

Ah, e para completar o ramalhete, trazem a reboque um casal de miúdos ranhosos num atrelado.

Um atrelado??

Acho que vou chorar.

QUE É QUE É ISSO?
É O TEU BACIO ANTIGO. VAMOS COMEÇAR A ENSINAR O HAMMIE.
A ELE!?
SEM FRALDAS?
IÛP.
ISSO MESMO.
ESPERA AÍ... EU VOLTO JÁ.
OK, SIGA A MARINHA.
KIRKMAN & SCOTT

COMO É QUE VAIS ENSINAR O HAMMIE?
DA MESMA MANEIRA QUE TE ENSINÁMOS A TI.
COM MONTES DE AMOR, ESTÍMULO, PACIÊNCIA...
CUIDA-DO!
KIRKMAN & SCOTT
...E REFLEXOS RÁPIDOS.
TAMBÉM QUERES AS TUAS BOTAS?

ZOE, NÃO AJUDA À CONCENTRAÇÃO DO HAMMIE, FICARES AÍ A GRITAR «ELE VAI REBENTAR» DE DEZ EM DEZ SEGUNDOS!
KIRKMAN & SCOTT

OLÁ, WANDA, COMO É QUE VAI O TREINO DE BACIO DO HAMMIE?
MENOS MAL.
ATÉ AQUI, TEM SIDO UM DIA CALMO...
PENICO!!
COM SURTOS OCASIONAIS DE EXCITAÇÃO.
KIRKMAN & SCOTT

QUERES IR FAZER?
NÃO.
QUERES IR FAZER?
NÃO.
QUERES IR FAZER?
NÃO.
QUERES IR FAZER?
NÃO.
QUERES IR FAZER?
NÃO.
SUSPRO!
OK, DESIST...
OOPS.
HAMMIE, PORQUE É QUE NÃO ME DISSESTE QUE QUERIAS FAZER, AINDA AGORA?
TU NÃO PE'GUNTASTE.
KIRKMAN & SCOTT

UOO-HOO! BOAAA! FIXE! UAU! IA-UUUUU!!
KIRKMAN & SCOTT
ACHAS QUE EXAGERÁMOS?
EI! NÃO É TODOS OS DIAS QUE O NOSSO FILHO FAZ NO BACIO PELA PRIMEIRA VEZ!

BABY BLUES®
BY RICK KIRKMAN / JERRY SCOTT

SO LONG, FAREWELL! O MEU CÃO COMEU UM PASTEL, O MEU PEIXINHO MORREU HOJE MESMO, AO PUXAR O AUTOCLISMO!
ZOE, ISSO NÃO É AQUELA CANÇÃO DO «MÚSICA NO CORAÇÃO»?
É.
ACHO QUE A LETRA NÃO É ESSA, QUERIDA.
NÃO?
NÓS TÍNHAMOS UM LIVRO SOBRE O FILME.
VOU VER NA INTERNET.
NÃO ESTÁ ALI. VOU LIGAR À RHONDA, A MINHA IRMÃ SABE TUDO SOBRE O FILME.
OLHA! UM SITE DE LETRAS DE CANÇÕES!
HUM-HUM... TENS A CERTEZA? OBRIGADO, RHONDA!
E-E-E-E IMPRIMIR!
PRONTO?
IÛP.
SO LONG, FAREWELL! AUF WIEDERSEHEN, GOOD NI-IGHT! I HATE TO GO AND LEAVE THIS PRETTY SI-IGHT!
TÊM A CERTEZA DE QUE É ESSA A LETRA?
ABSOLUTA.
QUE É QUE ACHAS?
GOSTO MAIS DA MINHA.
KIRKMAN & SCOTT

QUE É QUE TENS, WANDA?
A YOLANDA DISSE-ME QUE A BUNNY ESTÁ GRÁVIDA.
ISSO É ÓPTIMO!...
NÃO É?
É... EXCEPTO QUE ELA VAI DE CERTEZA TER UMA GRAVIDEZ MELHOR QUE A MINHA, COMO ACONTECE COM TUDO O QUE ELA FAZ!
VÁ LÁ! TENHO A CERTEZA DE QUE A BUNNY VAI FICAR TÃO GORDUCHA, PESADA, SENSÍVEL E CHORAMINGONA COMO TU QUANDO ESTAVAS À ESPERA!
SE CALHAR É MELHOR REFORMULAR ISTO...
NÃO! ATÉ ME SINTO MELHOR POR VER QUE REPARASTE EM MIM!

OLÁ, WANDA. ADIVINHE LÁ.
ESTÁ GRÁVIDA.
BOLAS! ESTÁ A COMEÇAR A NOTAR-SE, NÃO É?
É, O FATO DE GRÁVIDA EM SPANDEX A MODOS QUE DENUNCIOU-A.

ENTÃO A CRIANÇA É PARA FEVEREIRO?
PRIMEIRO DE FEVEREIRO, POR ACASO.
BEM, ISSO PARECE...
NUMA TERÇA-FEIRA.
TEM TUDO SOB CONTROLO...
ENTRE AS 10:15 E AS 10:30, PARA SER EXACTA.
...COMO DE COSTUME.
TAMBÉM LHE POSSO DIZER A DATA DO PRIMEIRO BACIO, SE QUISER.

DIZES OLÁ À BUNNY, ZOE?
OLÁ. O BOGART PODE BRINCAR HOJE?
O BOGART ESTÁ NAS LIÇÕES DELE, QUERIDA.
TEM AULAS DE VIOLA ÀS 9, DE TÉNIS ÀS 10, HIPISMO ÀS 12:30, E FRANCÊS ÀS 2.
AS CABECINHAS DELES SÃO COMO ESPONJAS, PARA APRENDER, NÃO SÃO?
OLHE O QUE O MEU PAI ME ESTÁ A ENSINAR A MIM!
PTEC!
PTEC!

E ENTÃO, DESTA VEZ, É MENINO OU MENINA?
EU QUERO OUTRO RAPAZ.
JÁ LAVEI A ROUPA TODA DO BOGART, DECOREI O QUARTO COM MOTIVOS DE COWBOYS, E ATÉ JÁ ESCOLHI UM NOME DE RAPAZ.
E SE FOR UMA RAPARIGA?
ELE NÃO SE ATREVIA!
UMA VEZ CONTROLADORA, SEMPRE CONTROLADORA.

PORQUE É QUE A BUNNY CÁ ESTEVE?
PARA ME DAR UMA NOTÍCIA.
PARECE QUE O BOGART VAI TER MAIS UM IRMÃOZINHO.
VAI?? EU TAMBÉM QUERO TER UM IRMÃOZINHO NOVO!!
TU TENS UM IRMÃOZINHO, ZOE.
MAS QUERO UM NOVO!
ESSE É USADO!

MENINOS! ESTÁ NA HORA DA CAMA!... NÃO TÊM SONO?
NÃ-Ã-Ã-Ã-Ã- -Ã-Ã-Ã-Ã-Ã-Ã- B-O-C-E-J-O-B-O-C-E-J-O
Z-Z-Z-Z-Z-Z-Z-Z-Z
POR UM MINUTO, QUASE QUE ACREDITEI NELES.

CHLUFFF!
ESTEJA OU NÃO O CHÃO ENCERADO, O MANO NÃO É UM DISCO DE HÓQUEI!
EU SEI, E COMO ALVO DE SETAS, AINDA É PIOR!

AT-CHIIIIM!
CHAÚDE
QUERES TU DIZER, «SAÚDE».
CHAÚDE.
«SAÚDE».
CHAÚDE
«SAÚDE».
É MAIS FÁCIL DIZERES «SANTI-NHO»
CHAN-TINHO.
AGAJALHA-TE, MAS É.

BABY BLUES
by Rick Kirkman / Jerry Scott

ADORO FALAR COM A YOLANDA!

HOJE À NOITE, FALÁMOS DE TUDO! PARENTES, CASAS, POLÍTICA, MÓVEIS, MIÚDOS, VIZINHOS, RELIGIÃO, DINHEIRO, CASAMENTO... TANTA COISA!

E TU E O MIKE, FALARAM DE QUÊ?

DE GRELHADOS.